**TRABALHOS DE AMORES
QUASE PERDIDOS**

TRABALHOS DE AMOR E
QUASE PERDIDOS

TRABALHOS DE AMORES
QUASE PERDIDOS

PEDRO BRÍCIO

Cobogó

Sobre a peça

Trabalhos de amores quase perdidos foi escrito durante o ano de 2010. Apesar de parecer uma peça desenvolvida na sala de ensaio, foi escrita em casa. Na estante, Alan Pauls, Roland Barthes, Platão, Tim Crouch, Italo Calvino. A artista plástica Rachel Whiteread foi outra boa influência. Uma curiosidade: o papel de Branca/Simone/Ludmila/Apresentadora de TV/Olivia foi escrito para Branca Messina, minha mulher. Criada em Mallorca, na Espanha, eu achava que ela tinha que fazer uma espanhola em cena. Na peça, sua personagem Olivia fica grávida. Em outra cena, católica fervorosa, cogita se converter ao budismo. Hoje, enquanto editamos este livro, Branca está grávida e, no ano passado, se converteu ao budismo. Coincidência ou não, as palavras pregam suas peças... *que bueno.*

Pedro Brício

Trabalhos de amores quase perdidos estreou em 5 de agosto de 2011, no Espaço Cultural Sérgio Porto, no Rio de Janeiro, dentro da programação do Tempo Festival.

Elenco

BRANCA/SIMONE/LUDMILA/APRESENTADORA DE TV/OLIVIA: Branca Messina

MARCOS: João Velho

MARIANA e VICTORIA: Lúcia Bronstein

JOÃO: Pedro Henrique Monteiro

Texto e Direção
Pedro Brício

Iluminação
Tomás Ribas

Cenário
Aurora dos Campos

Figurino
Luiza Marcier

Música
Felipe Storino

Direção de Movimento
Denise Stutz

Produção
Cláudia Marques e Sábado Produções Artísticas

ATORES — PERSONAGENS

ATOR 1 Marcos

ATOR 2 João

ATRIZ 1 Mariana e Victoria

ATRIZ 2 Branca/Simone/Ludmila/Apresentadora de TV/Olivia

Obs.: Existe um jogo na peça em que os atores são ao mesmo tempo os personagens e os narradores da história. Nem sempre aquilo que é narrado é executado pelos atores, sobretudo no início. Eles eventualmente interpretam outros personagens, trocam de papel e roubam o papel um do outro.

Ato 1

Os quatro atores estão sentados em cadeiras paralelas, de frente para a plateia. Quase não há cenário, apenas um ou outro abajur no chão. No fundo do palco, uma cortina. No canto do palco, no proscênio, uma caixa de papelão fechada, levemente iluminada. O clima é íntimo, pode lembrar o de uma leitura dramática.

– 1 –

BRANCA: Ato 1. João, Marcos e Mariana em cena. No som, ao lado, Branca.

MARCOS: Eu vou começar, vou dizer tudo o que eu sinto, vou dizer que eu não consigo viver sem você, vou dizer que a minha vida só é possível ao seu lado, eu vou dizer que te amo. Eu te amo. Eu não vou ser original, não vou ser sutil, eu vou ser bem emotivo. Eu quero morrer beijando os seus lábios. Isso é o contrário do que me orientaram a fazer aqui. Comece aos poucos, com delicadeza, seja ambíguo, charmoso, não grite, seja cool, estoico talvez, seja um homem do seu tempo. Conte a história. E não fale na primeira pessoa. Assusta, você sabe. O Eu. E nunca, mas nunca...

BRANCA: Marcos tem um ataque epiléptico, cai no chão.

JOÃO: [*para Mariana*] Ele te contou que ia fazer isso?

Mariana balança a cabeça negativamente.

JOÃO: Você acha que eu estou bonito?

MARIANA: Está... [*para Marcos*] Você/

BRANCA: Marcos se levanta.

MARCOS: [*para a plateia*] Não, não, eu estou me sentindo bem, é uma leve tonteira... que bom te ver, entra. Minha testa está sangrando?... ah, eu bati com a cabeça na geladeira na hora de abrir o vinho, sempre faço isso... espalhou vinho para tudo que é lado, nas paredes. Você já viu o teto da cozinha? Está cheio de... nuvens escarlates... senta um pouco. [*para Mariana*] Eu não quero que você se assuste com o que eu vou te dizer...

MARIANA: Conta a história.

MARCOS: Shhhh!... eu queria falar isso há muito tempo... minhas mãos estão tremendo. Há anos que a nossa amizade...

MARIANA: Que papel você está fazendo? O seu personagem não é assim.

MARCOS: Há anos que a nossa amizade é uma prisão para mim. Todos os gestos aqui têm sido gestos de dor. Eu me arrependi de ter me separado de você. Eu me arrependi de ter te apresentado ao seu... novo amor. Mas agora que você se separou dele... [*indica João*] eu queria que você me visse... com aquela roupa antiga... eu/

MARIANA: Essa cena não existe.

JOÃO: Deixa ele fazer um pouco o que ele quer. [*para Mariana*] Responde...

MARCOS: Essa cena poderia entrar no segundo ato, depois da separação.

MARIANA: Então por que você quis começar a peça com ela?

MARCOS: Hoje é um dia especial.

Ele tira um papel do bolso. Lê e guarda.

MARCOS: "Eu queria que"/

JOÃO: Onde você está?

MARCOS: No meu apartamento, encharcado de vinho. A respiração ofegante. Acabei de trancar a porta, [*indica Mariana*] ela entrou, eu me virei para a parede.

JOÃO: Então eu não posso ver isso. Eu não estou aqui. Eu estou deprimido, vagando por alguma rua, à noite.

MARCOS: Eu olho nos seus olhos: "Eu queria que você me amasse novamente."

MARIANA: Se fosse possível voltar a amar... a vida não é assim tão simples, e eu...

MARIANA e MARCOS: ...eu não acredito muito no amor... eu preciso ir embora. Abre a porta para mim.

MARCOS: Impossível. Eu engoli a chave.

MARIANA: O quê?

MARCOS: Eu engoli a chave da porta.

Pausa.

MARIANA: E como é que eu vou embora?

MARCOS: Você não vai embora... você não vai embora até me amar novamente.

BRANCA: Música. Alguma movimentação. Marcos passa algumas fichas para eles.

– 2 –

Eles continuam sentados nas cadeiras. Marcos passa algumas fichas de leitura para os outros atores.

MARCOS: [*para a plateia*] Eu sou o narrador desta peça, desta pequena peça de amor. De amores. Perdidos. Essa última cena realmente não vai entrar no espetáculo, porque o meu personagem não vai conseguir falar isso para ela. Nem no primeiro, nem no segundo ato. Nem depois, na continuação, na continuação que nós não vemos mais, apenas imaginamos, depois que tudo isso acaba... porque as estórias... elas continuam, não é?

JOÃO: [*lendo uma ficha*] Ator, barba por fazer, romântico, Rimbaud, quase bonito, buraco estratosférico no banco, talentoso, inseguro, sensível, quer ter um filho, vai sofrer muito...

MARCOS: Não falar o que se sente...

JOÃO: Você esqueceu de problemas com a família. Graves problemas com a família...

BRANCA: *Todas las personas tienen graves problemas con la familia.*

MARCOS: Falar outra coisa do que se sente...

JOÃO: O meu pai me batia, de chicote. Todos os dias, na mesa do jantar, antes de me passar o purê de batatas.

MARCOS: Perder o tempo daquilo que você queria falar. Não saber o que falar.

BRANCA: [*para João*] *Enserio, chico?*... [*para a plateia*] Mariana amassa a ficha dela.

MARIANA: É assim que você me vê?

MARCOS: É.

JOÃO: [*para Branca*] Não... mas é como eu me sentia... mas sempre havia algo assim, violento... você é tão bonita.

MARCOS: Só sentir...

BRANCA: Mariana começa a escrever na ficha dela.

MARCOS: [*para Mariana*] O que você está fazendo?

BRANCA: [*lendo uma das suas fichas*] "Simone. Socióloga. Viciada em sexo e em Foucault. Vinte e seis anos. Óculos. Carnívora. Dois meses."

MARCOS: Mesmo sendo o narrador, eu não vou conseguir falar tudo o que deveria ser dito. Não dos fatos, mas o que aconteceu dentro... a epopeia sentimental. É como na *Odisseia*: quem viajou mais, o Ulisses, navegando, ou a Penélope, esperando?... Se nós formos pensar nos fatos reais, eu até/

MARIANA: Conta os fatos reais.

JOÃO: As pessoas querem saber dos fatos reais.

BRANCA: [*lendo*] "Ludmila. Jornalista. Revista de moda, 25 anos. Dança bem, vai acabar trepando bem — se não se casar com um idiota —, comida tailandesa, quer dividir as contas, quer casar. Pisca alerta... Olivia. Tatuagem de tartaruga nas costas. *Mallorquina*. Mora em Toledo. *Tortillera*. Gosta de filmes de ação. Nunca vou comer. O que já me dá uma espécie de nostalgia agressiva." [*para Marcos*] A sua visão delas é tão limitada... eu não vou fazer desta forma.

MARIANA: *Usted pode hacer lo que quiseres, chica.*

BRANCA: [*corrigindo*] Es "*lo que quieras*," *guapa*... [*para Marcos*] E você não disse o nome desses personagens. [*indica João e Mariana*]

MARCOS: Eu pensei em tirar os nomes.

MARIANA: Por quê?

MARCOS: Não sei, eu queria que eles não tivessem mais nomes.

MARIANA: Você acha isso original?

MARCOS: Poderia ser [*aponta Mariana*] X, [*aponta ele mesmo*] Y, [*aponta João*] Y 2, [*aponta Branca*] Z. Como uma equação matemática. Ou então Ela, Ele, Aquele, Aquela.

JOÃO: Por que eu vou ser o Y 2? Você é o Y 2.

MARCOS: A amada, o apaixonado, o amigo, a outra.

BRANCA: Eu sou antiga. Adoro nomes.

MARIANA: [*como se estivesse interpretando uma cena*] "João?"

JOÃO: "Oi, Mariana?"

MARIANA: "Você quer ir ao cinema?"

JOÃO: "Ver o quê?"

MARIANA: "*Jules e Jim*."

JOÃO: "Nós já vimos esse filme 23 vezes."

MARIANA: "Em DVD. No cinema só vimos 18. Eu adoro *Jules e Jim*!"

JOÃO: "Posso chamar o Marcos?"

MARIANA: "Claro, eu não consigo viver sem o Marcos!"

MARCOS: Eu quero falar sobre a relação entre o amor e o acaso. A matemática caótica do amor. Encontros que são equações irracionais. Nomes que poderiam ser números/

MARIANA: Concentra. Está um pouco confuso. A história é simples... não é uma masturbação romântica. Nem voyeurismo. Nem só voyeurismo. As pessoas querem entrar. De alguma forma. Tenha amor... pelas outras pessoas... é simples. Não precisa inventar tanto... cotidiano. Vida real.

Mariana passa para Marcos a ficha dela.

MARCOS: [*lendo a ficha que Mariana reescreveu*] "Mariana, 26 anos. Eu estou parada ao lado de Marcos, meu primeiro namorado sério, num ponto de ônibus, num ponto de ônibus, no final de 2009. Ele é o narrador desta história."

BRANCA: Mudança de atmosfera. Marcos segura um champanhe e Mariana um panetone. Eles esperam um ônibus.

– 3 –

Mariana se levanta e vai até um foco no proscênio indicando o "ponto de ônibus". Marcos a acompanha. João e Branca continuam sentados.

Mariana começa a interpretar Marcos, *sutilmente, provocando-o.*

MARIANA/MARCOS: Meu carro quebrou. Eu acabei de comprar um Fusca beetle 2010 e ele quebrou. Eu tinha um Fusca 69, azul metálico, volante original, que nunca me deixou na mão. Vendi por 3.500,00 reais pro cara que lava carros na minha rua. Ele agora deve estar subindo o Everest com o meu fusquinha. O novo custou 43.000,00 reais... tecnologia é uma merda. O futuro pode piorar as coisas. [*Mariana/Marcos olha para Marcos*] Essa aqui ao meu lado é a Mariana. Ela está bastante puta, odeia andar de ônibus. O que eu posso fazer? É difícil pegar táxi na noite de Natal... eu queria que ela conhecesse o meu Fusca beatles, beetle... [*Mariana/Marcos olha para Marcos, que rói a unha*] Quando ela fica puta, ela rói a unha até a cutícula. É engraçado, porque ela sempre fez de tudo para parecer mais velha, mais madura, o que de alguma forma ela sempre conseguiu. Mas essas unhas entregam ela. Ela fica parecendo uma garota de 5 anos, que pintou as unhas de vermelho pela primeira vez e ficou nervosa com a beleza ou a sensualidade daquilo e roeu tudo. Eu acho bem... charmoso. [*eles esperam o ônibus*] Ah, meu nome é Marcos... e esse comercial da Tim é um lixo. Lixo! [*para Marcos*] Você falou alguma coisa?

MARCOS: Eu?

JOÃO: [*para Branca*] O molho está quase pronto!

MARIANA/MARCOS: Você está bem? Você não está de mau humor, está?

Marcos começa a interpretar Mariana, imitando-a sutilmente.

MARCOS/MARIANA: Eu estou ótimo, ótima. Feliz ano-novo.

MARIANA/MARCOS: Hoje é Natal, Mariana.

MARCOS/MARIANA: Ah, é. Desculpa, a minha memória, bebi demais. E o show do Roberto Carlos na TV me deixa emocionalmente... eu tenho confundido as coisas. Eu faço isso desde pequena.

João e Branca, sentados, começam uma cena paralela, como se estivessem no apartamento de João. Branca começa a interpretar Simone, atual namorada de Marcos.

BRANCA: Branca interpretando Simone, usando óculos, conversando com João, como se visse um porta-retratos...

BRANCA/SIMONE: [*para João*] Sua namorada é bem bonita.

JOÃO: Essa é a minha mãe.

BRANCA/SIMONE: ...que corpão... ela se parece com você.

JOÃO: Antes eu ficava com vergonha desta foto dela, de biquíni, na praia. Não é uma qualidade que você ama na sua mãe, ser gostosa demais. Mas ela enquadrou, colocou aí, e agora até que eu gosto... isso foi no verão passado. Ela foi morar em outra cidade.

Mariana e Marcos ainda no ponto de ônibus. Não estão mais imitando um ao outro.

MARIANA: [*para a plateia*] Há dois anos nós três passamos o Natal juntos/

JOÃO: Ela me teve com 16 anos...você gosta de molho de tomate?

BRANCA/SIMONE: Aham.

JOÃO: E de cartas de amor?

MARIANA: Depois do Natal familiar, eu quero dizer. Mas poderia ser o ano-novo, carnaval, qualquer final de semana ou uma boa parte dos dias comuns...

BRANCA/SIMONE: Todo mundo gosta de cartas de amor... está quente aqui.

MARIANA: Deixar os dias menos comuns, esse é o desejo, não é?

MARCOS: Esse ônibus não vai passar nunca.

JOÃO: O ar-condicionado quebrou...

MARIANA: É um alívio terminar o Natal com os amigos, depois de tantos presentes errados, parentes íntimos de que você nunca ouviu falar, o indefectível peru que sobrevive até o ano-novo, cada vez mais seco, enfim, vocês conhecem bem a cena.

JOÃO: Você está vendo esse cara, sentado numa canga amarela, óculos escuros? Não parece o Mick Jagger?

BRANCA/SIMONE: ...acho que é o Mick Jagger.

JOÃO: Não parece?

BRANCA/SIMONE: [*ri*] Não seria nunca, mas é...

MARIANA: Daqui a alguns anos, quando eu começar a me lembrar de tudo, quando o que está acontecendo agora virar saudade, eu vou ter certeza: sim, nós três éramos uma família. Então essa história também é sobre o fim de uma família... e o começo de uma nova... de sangue.

MARCOS: Nós sempre vamos ser uma família... você estava falando como você ou como eu?

MARIANA: Que frase forte eu falei. Desculpa.

Começa a tocar um jazz, de fundo.

BRANCA/SIMONE: [*para a plateia*] Mudança ou não. Mariana vai sair de cena, João puxa ela e lhe dá um beijo. Marcos passa o champanhe para João. Eles podem já estar sentados numa mesa, conversando... cadeiras etc...

– 4 –

Os quatro novamente sentados nas cadeiras. Estão no apartamento de João, bebendo vinho, fumando. É Natal. Durante esta cena, os atores já podem ter mais mobilidade com as cadeiras, se aproximando um do outro, levantando um pouco etc.

MARCOS: ...só que a mulher não recebeu o e-mail de volta. Ela ficou mal por não ter recebido nem um telefonema do cara, mas venceu o orgulho próprio e ligou para ele. Por uma coincidência sacana do destino, ele tinha perdido o celular. E ela não teve coragem de deixar recado. Eles ficaram sem se falar naqueles dois dias...

BRANCA/SIMONE: [*três taças de vinho na cabeça, para Mariana*] Você tem um cigarro?

MARIANA: Tenho.

MARCOS: No terceiro dia, ela tomou uma garrafa de vinho sozinha. Ficou carente e resolveu ligar para o ex-marido...

BRANCA/SIMONE: Linda a sua sandália.

MARCOS: ...que tinha acabado de se separar de uma namorada, recente. Ela e o ex-marido conversaram uma hora no telefone, resolveram se encontrar, encheram a cara juntos e acabaram trepando naquela noite, num motel.

BRANCA/SIMONE: [*para a plateia*] João enfia a cabeça num balde d'água.

MARCOS: De manhã, eles foram tomar café da manhã na padaria, e quem estava lá? Quem estava lá? O outro cara, por quem a mulher tinha se apaixonado um pouco. Ele estava tomando uma média com pão com manteiga, no caminho para o trabalho. Ele nunca tomava café da manhã na padaria, sempre comprava pão de forma, mas o que ele tinha comprado naquela semana estava mofado, fora de validade, e ele só viu isso às seis da manhã.

MARIANA: Coloca uma música, João.

BRANCA/SIMONE: Sim, vamos dançar!...

MARCOS: Eu tô contando uma história.

BRANCA/SIMONE: Desculpa... e aí?

MARCOS: O ex-marido foi supercivilizado, percebeu o que estava acontecendo, deixou ela e o cara a sós. Os dois conversaram, o café esfriando na mesa, entenderam o mal-entendido do e-mail, do celular roubado, o ruído na comunicação. A mulher explicou que não tinha planejado aquele encontro com o ex-marido, mas que depois do que tinha acontecido naquela noite ela tinha que resolver aquela história. O cara ficou arrasado, disse que entendia, claro, e foi embora. E a mulher voltou para o ex-marido...

JOÃO: Esse final é feliz ou triste?

MARCOS: [*junto com Mariana*] Calma, ainda não acabou.

MARIANA: [*junto com Marcos*] Depende da perspectiva.

BRANCA/SIMONE: O que foi que você disse?

MARIANA: Depende da perspectiva.

JOÃO: [*para Mariana*] Você já mergulhou até o fundo do mar? É tão escuro, não dá para ver nada...

MARIANA: Coloca uma música...

JOÃO: Vamos ter um filho.

MARIANA: [*rindo*] Depois do jantar...

BRANCA/SIMONE: [*apertando a perna de Marcos*] Con-ti-nu-a...

JOÃO: Vocês já viram aqueles peixes abissais com uma lâmpada na cabeça?

Ele imita um peixe abissal, Mariana ri.

MARCOS: Desisto.

JOÃO: Desculpa, continua.

MARCOS: Você vai ver o que eu vou fazer quando você começar a falar... liga a TV então... cadê o champanhe?

MARIANA: Por que você não conta algo pessoal, algo do Eu?

BRANCA/SIMONE: [*apertando a perna dele, suplicando*] Continua a história...

MARCOS: Ela já não é tão sensacional assim... agora fica uma expectativa, um peso... eu vou ter que fazer o quê, matar o casal?

Todos olham para Marcos.

MARCOS: Enfim, a mulher dispensa o cara e fica com o ex-marido. Mas os dois acabam se separando, um mês depois. É muito claro, não existe mais nada entre eles. Foi só um rabicho na história. Sabe quando você esquece de tirar o disco da vitrola e acha que ainda está tocando uma música, mas não tem mais nada, só tem aquele ruído... [*ele faz o som*] Enfim, ela resolve ligar para o cara, o outro, da livraria. A mulher se arrependeu de alguma forma, esse cara era realmente especial. Eles marcam um encontro num café, conversam, mas ela não tem coragem de abrir totalmente o coração, de dizer tudo o que sentia, o que ele precisava ouvir naquele momento. A situação era frágil, mas ela hesita, deixa para falar num próximo encontro. Só que o cara ainda estava magoado, inseguro, num momento ruim da vida, então na hora de se despedirem ele diz que não quer mais vê-la... que não quer mais sofrer. Os dois nunca mais se veem... fim da história.

Pausa. Eles pensam. Branca olha pela janela.

BRANCA/SIMONE: Está nevando lá fora...

Mariana gargalha. Branca se vira para beijar Mariana, mas se dá conta de que vai beijar a pessoa errada, se vira para Marcos.

JOÃO: É impossível não sofrer.

MARCOS: O acaso e o medo são uma combinação/

Branca/Simone beija Marcos na boca.

MARIANA: Nas tragédias gregas os personagens são punidos por matarem o pai, matarem os filhos, por treparem com a mãe...

Marcos faz um gesto de "e aí?".

MARIANA: Você quer dizer que nos dias de hoje a felicidade de uma pessoa pode ser decidida pelo prazo de validade de um pão de forma?... De um pão Plus Vita, é isso?

JOÃO: Eu fico tão deprimido no Natal...

MARCOS: Acho que a tragédia da história é não falar. Não falar o que se sente.

JOÃO: Que melancolia, uma saudade da minha avó.

BRANCA/SIMONE: Liga para ela.

JOÃO: ...morreu.

BRANCA/SIMONE: A minha também.

MARCOS: Talvez se o cara não tivesse visto a cena dela com o marido, ele não ficasse tão magoado... o café da manhã cedinho na padaria, aquele quadro de felicidade... às vezes não dá para apagar a imagem...

MARIANA: As pessoas também adoram se magoar, o maior prazer delas é se magoar...

BRANCA/SIMONE: Como Jesus...

JOÃO: Ah, não, por favor, sem Jesus...

MARCOS: Ela sempre cita/

BRANCA/SIMONE: A imagem de Jesus na cruz, sofrendo, é uma espécie de gozo... vocês já prestaram atenção na expressão dele, a cabeça virada, as gotas de sangue escorrendo no peito... é sensual demais... eu estou falando de dor. Do prazer da dor. E as pessoas, olhando Jesus na cruz, ficam sentindo: "É isso, [*com prazer*] eu também quero me sacrificar, eu também quero ser amado por essa dor. Eu quero salvar a humanidade através do meu sofrimento!"

JOÃO: Por favor, por favor...

BRANCA/SIMONE: Você não quer falar de Jesus?

João balança a cabeça.

BRANCA/SIMONE: Nem eu... eu vou na cozinha, quando eu voltar nós vamos estar num outro momento.

MARCOS: Algumas pessoas só amam para sofrer profundamente.

MARIANA: As pessoas não conseguem se colocar no lugar das outras. Esse é o maior problema.

JOÃO: Que pessoas?

MARIANA: Os amantes.

BRANCA/SIMONE: Os amantes gostam de se colocar dentro das outras pessoas. [*para a plateia*] Simone sai.

Branca/Simone continua sentada na cadeira.

MARCOS: Ela é uma socióloga materialista ninfomaníaca perversa...

MARIANA: [*como se Branca/Simone estivesse longe*] Posso te filmar um dia?

BRANCA/SIMONE: Simone fica no palco, parada num canto, mas é como se tivesse saído de cena.

MARCOS: É impossível se colocar no lugar da outra pessoa. Você nunca vai sentir o que a outra pessoa sente.

MARIANA: Você pode intuir, perceber...

MARCOS: É?

MARIANA: Chamam isso de sensibilidade.

MARCOS: Sei... e você por acaso/

JOÃO: Desculpa. Vocês acham que ela é socióloga mesmo?

MARIANA: Quem?

JOÃO: Essa que faz a sua namorada.

MARCOS: Ela é minha namorada. Ela já leu quase toda a obra do Foucault.

JOÃO: Ela não parece socióloga, parece uma modelo.

MARIANA: Você também acha?

BRANCA/SIMONE: [*como se estivesse na cozinha*] *Plus de champanhe?*

MARIANA: [*para João*] Viu? Ela fala francês [*projeta*] *Sí* [*corrige*] *Oui!*

BRANCA/SIMONE: "Que gigantesca façanha realiza hoje em dia uma pessoa que não faz coisa alguma!"

JOÃO: Ela não convence ninguém de que é socióloga. Acho que ela estuda turismo. [*para Branca/Simone, projetando*] Em que ano nasceu Foucault?

MARIANA: Eu acho ela ótima.

JOÃO: Você já está apaixonada por ela.

BRANCA/SIMONE [*para a plateia*] Simone volta...

BRANCA/SIMONE [*para os atores*] Estavam falando de mim?

MARIANA, MARCOS e JOÃO [*juntos*] Estávamos. [*riem*]

BRANCA/SIMONE: Ótimo. Que horas são?

MARCOS: Uma e meia.

MARIANA: Uma e quarenta.

BRANCA/SIMONE: No meu relógio são cinco da manhã... às vezes é necessário chegar logo ao final da noite, onde as coisas realmente acontecem... claro que a gente quase sempre precisa de mais uma garrafa de conhaque, uma de vinho, outra de champanhe, uma mão na perna, na bunda, uma risadinha no banheiro, uma indireta séria pretensamente perigosa, irresistível... [*ela bolina os outros atores*] aiiii, e a troca de histórias e memórias e exibicionismos noturnos brilhantes, refletidos na taça de vinho, marejando… "Que tática eu vou usar?" ela pensa, essa personagem que eu sou agora — Simone —, muito mais do que uma socióloga meio ninfomaníaca, que quer consumir o que essas pessoas podem dar esta noite… esta noite! Uuuu, o champanhe bateu. Agora bateu. Minha língua está queeeeeente…

JOÃO: [*para Mariana*] Eu quero ter um filho com você.

BRANCA/SIMONE: E nós falamos muito sobre cinema, teatro, aquecimento global, relações humanas, rá, rá, rá, e eu querendo esquentar a coisa e eles resolveram falar sobre amor. Seriamente… eu quase fui embora… se vocês forem falar sobre amor seriamente, eu vou embora!… Eu fui ao banheiro, voltei, e eles/

MARCOS: [*para Mariana*] Você acha então que vale a pena namorar sem amar a outra pessoa?

MARIANA: O quê?

MARCOS: Você acha então que vale a pena namorar sem amar a outra pessoa?

MARIANA: Não foi isso que eu disse…

JOÃO: Foi sim.

BRANCA/SIMONE: Claro que vale…. eu não te amo e te namoro… e é ótimo.

Pausa.

BRANCA/SIMONE: Você também não me ama.

Silêncio.

BRANCA/SIMONE: O que é?... Eu falei alguma novidade aqui?

MARCOS: Não, foi só o jeito... e não sei, a gente só se conhece há dois meses...

BRANCA/SIMONE: Não existe outro jeito de falar a verdade. A gente não se ama, a gente namora, e é ótimo... ou você me ama?

Silêncio.

BRANCA/SIMONE: E aí?... Você vai fazer como a mulher da sua história?

MARIANA: Eu vou pedir cerveja no boteco...

JOÃO: Hoje é Natal.

BRANCA/SIMONE: Vamos fazer uma troca de casal?

Pausa.

BRANCA/SIMONE: [*ri*] Tô brincando, gente, não precisa me olhar com essa cara... hoje é noite de Natal, nascimento de Jesus, eu jamais proporia uma coisa dessas. Eu sou ateia, ateu, ateia... mas eu tenho preceitos morais... religiosos.

MARCOS: Nós também...

BRANCA/SIMONE: Desculpa.

Pequena pausa. Eles podem falar um por cima do outro.

MARIANA: Não, tudo bem… a ideia não é tão ruim…

MARCOS: Como assim?

JOÃO: Seria como fazer amor com um irmão…

MARCOS: Você quis dizer tolerância religiosa…

MARIANA: [*se referindo a Marcos*] É que nós já namoramos e…

MARCOS: Muita intimidade.

MARIANA: Sabe…

JOÃO: Eu até beijaria ele… eu beijaria todos vocês.

MARIANA: Se tivesse mais gente. E Natal…

MARCOS: O quê?

JOÃO: Você é o meu melhor amigo. Eu te amo. Por que eu não te daria um beijo na boca?

MARCOS: Que combinação você ia propor?

JOÃO: Eu ia rir.

MARIANA: Eu também ia rir.

MARCOS: Todo mundo ia rir.

MARIANA: É… ia ser bastante… confuso.

BRANCA/SIMONE: Eu estava provocando vocês… é óbvio que este não é o lugar nem o momento… e nós não somos as pessoas… foi uma brincadeira.

Pausa.

BRANCA/SIMONE: Ai, vamos fazer uma troca de casal?

Pequena pausa.

BRANCA/SIMONE: Sabe o que é? Eu estou sentindo que nunca mais vou passar uma noite dessas com vocês... essa é a minha última noite aqui. [*para Marcos*] Nós vamos nos separar semana que vem, não vamos?

Branca/Simone se levanta e anda até o proscênio.

BRANCA/SIMONE: Eu preciso de uma despedida especial... o que vocês poderiam me dar de presente para que eu nunca me esqueça de vocês?

Marcos vai até ela. Beija-lhe a boca. Tira os óculos do rosto dela.

MARCOS: O seu nome agora é Ludmila.

– 5 –

João começa a cantar a música "Le tourbillon de la vie," do filme Jules e Jim. Marcos e Branca vão até um canto do palco para pegar caixas de papelão. João e Mariana estão sentados. Ele canta para ela.

MARIANA: Você está cantando cada vez melhor...

JOÃO: Eu tenho treinado, nas sarjetas... sob a sua janela... nas janelas, sob a sua sarjeta.

MARIANA: O meu curta foi selecionado para o Festival de Berlim.

Pausa.

JOÃO: Jura?... Por que você não falou antes?... Que... maravilha.

MARIANA: Eu estou muito feliz.

JOÃO: Vocês ouviram isso? O filme dela vai para o Festival de... e quando vai ser?

MARIANA: Daqui a duas semanas.

JOÃO: Você vai, não é?... Eles te convidaram? Eles pagam a passagem?... Você vai.

MARIANA: Eles dão a hospedagem, e eu tinha um dinheiro guardado... eu queria que você fosse comigo.

JOÃO: Que legal. Eu... eu...

MARIANA: Eu pago a sua passagem... por favor, João... eu queria muito que você fosse.

João olha para ela, sem palavras.

MARCOS: [*bem baixinho, soprando o texto*] Eu também adoraria ir...

JOÃO: Eu também adoraria ir, mas eu vou começar a ensaiar... aquela peça... dramática.

MARIANA: Não era daqui a dois meses?... Deixa de ser bobo.

JOÃO: Eu já queria ir decorando o texto... eu não vou me sentir bem.

MARIANA: [*pequena pausa*] Pensa com carinho. Pensa com carinho.

– 6 –

Marcos e Branca colocaram uma caixa de papelão na frente de cada cadeira. Marcos, Branca e Mariana se ajoelham no chão e começam a tirar objetos das caixas. Só João fica sentado, escrevendo uma carta.

BRANCA: Relicário amoroso. Sequência em silêncio. Uma projeção: 1986 a 2010… [*indicando os objetos dela*] São de todos os meus personagens, não é?

MARIANA: Hummm, hummm… [*vendo seus objetos*] 1992, 1989, 1999, 2005, 2008.

Eles vão tirando os objetos das caixas.

MARCOS: Qual foi o objeto de 2005?… Eu guardei pouca coisa.

BRANCA: Foi?

MARCOS: Mudei muito. De endereço… eu jogo as coisas fora.

MARIANA: [*apontando objetos*] Pedro, Igor, Claude, Mateus.

Tempo.

MARCOS: Você não trouxe a televisão.

MARIANA: Não dava na caixa.

MARCOS: Você ainda tem a televisão?

Tempo.

BRANCA: E esses cacos?

MARIANA: Um vaso. Um vaso que sempre quebra.

MARCOS: [*para si*] Vou retomar a narração.

João começa a falar, como se estivesse escrevendo uma carta.

JOÃO: Meu amor, já estou com muitas saudades. Como está Berlim?... Ou seria Salamanca, Biarritz, Calcutá... para onde você foi mesmo? Para onde você foi?... Eu estou com tantas saudades que dá vontade de me matar...

BRANCA: [*lendo um jornal*] "A polícia religiosa da Arábia Saudita lançou uma operação neste domingo para coibir a venda de rosas vermelhas e outros produtos relacionados ao Dia dos Namorados...

MARCOS: Vou retomar a narração.

Branca coloca os óculos de Simone e pega o livro O homem sem qualidades *de sua caixa.*

BRANCA: [*para Marcos*] Você nem leu, não é?... Acho que você não ia entender, de qualquer maneira.

MARCOS: [*baixinho*] Ué, cadê?

JOÃO: Você volta dia 26 mesmo? Será que o seu filme tem chances de ganhar? Você tem saído muito? Você bebeu quantas garrafas de vinho por mim? Quantos momentos do dia você pensou em mim? Você já se masturbou quantas vezes pensando em mim? Os homens aí são mais interessantes do que eu? Claro que são, não é? Dá vontade de largar tudo e morar aí para sempre?... Eu quero ter um filho com você.

MARCOS: [*observando os objetos de Mariana*] Eu não vi as suas cartas... cadê as cartas?

MARIANA: O quê?

MARCOS: Todas as cartas que a Mariana já recebeu. Não tem nenhuma carta aqui.

MARIANA: [*se levantando, voltando a sentar numa cadeira*] Desculpa, desculpa, eu já estou fazendo o check-in, eu já estou dentro do avião, indo para o Festival. *One red wine, please!*

BRANCA: Que festival?

JOÃO: Ué, ela já não estava lá?

Branca e Marcos voltam a sentar.

Branca começa a interpretar uma outra namorada de Marcos, Ludmila.

BRANCA/LUDMILA: Que festival?

MARCOS: Quem é você?

BRANCA/LUDMILA: Ludmila.

MARCOS: Quem?

BRANCA/LUDMILA: Ludmila, sua nova namorada.

MARCOS: Desculpa... não tinha te reconhecido.

JOÃO: Que cartas são essas?

MARCOS: [*para João*] As cartas... [*para Branca/Ludmila*] Desculpa, Lud.

BRANCA/LUDMILA: Não precisa se explicar, vamos conversar um pouco... você pensa em casar e ter filhos?

JOÃO: Mas o João ainda não mandou as cartas! Se ela está no Festival de Berlim, ele ainda está escrevendo as cartas!

MARCOS: Não são só essas cartas. Você acha que só ele escreveu cartas?

MARIANA: Eu estou saindo do aeroporto, um homem de dois metros vem com uma placa com o meu nome escrito "Marian", e o carro cinza chegando está todo coberto de neve... de orvalho... de poeira....

MARCOS: [*para Branca*] Claro... um dia... uma década... em alguma encarnação...

JOÃO: A Mariana não pode ler as cartas agora. Ela não pode ler cartas que ainda não chegaram! Vamos fazer a coisa direito!

MARIANA: Cartas, que cartas, João? O Skype está péssimo.

BRANCA/LUDMILA: Você é o tipo de homem que tem pavor de casar e ter filhos, não é?

MARCOS: Sou.

BRANCA/LUDMILA: Eu lavo roupa como ninguém...

JOÃO: Eu não vou continuar assim!

BRANCA/LUDMILA: Eu sei como encontrar o melhor amaciante.

MARCOS: [*para João*] Não fica tão nervoso. Ela vai voltar logo. Ela vai responder os seus e-mails.

JOÃO: Mari, por que você não me responde?... Você não recebeu os meus e-mails?! Você não recebeu o meu e-mail dizendo que estou te escrevendo uma carta de amor por dia, até você voltar? Que eu estou escrevendo cada uma dessas cartas até a saudade do dia se dissipar?

MARIANA: Meu amor, estou num cybercafé na rua, de um turco, o hotel está sem internet... muitas saudades...

JOÃO: Deixa um número de telefone!... Sua mãe está preocupada!

MARIANA: Mariana.

BRANCA/LUDMILA: Você sabe trocar pneu? Eu adoro trocar pneu.

MARCOS: Você acha que a Ludmila é assim?

BRANCA/LUDMILA: Eu não estou fazendo como ela é, eu estou fazendo como você acha que ela é.

MARCOS: Eu não vejo ela desta forma.

BRANCA/LUDMILA: Você não entende nada de mulher.

MARCOS: ...olha, nós vamos começar uma outra cena agora. Eu estou no meu apartamento, conversando com o João, que acabou de chegar. A Mariana está no Festival de...

BRANCA/LUDMILA: Tóquio.

MARCOS: Não.

BRANCA/LUDMILA: Bora-bora.

MARCOS: Por favor.

BRANCA/LUDMILA: A Ludmila não está aqui.

– 7 –

Branca acende um cigarro. Os quatro estão sentados na seguinte disposição: Mariana, Branca, João e Marcos.

MARCOS: Uma semana depois daquela noite de Natal eu e a Ludmila nos separamos/

BRANCA/LUDMILA: Simone. A socióloga. Que parece modelo. Ludmila é a nova, que masturba o chefe no banheiro.

MARCOS: ...eu e a Simone nos separamos. Não teve nenhum motivo específico, uma briga, uma traição terrível, mas eu me dei conta de que, parando para pensar... eu também não encontrei nenhum grande motivo específico para continuar com ela.

JOÃO: Você não suportou ela dizer que não te amava.

MARCOS: Eu sempre fui seco, sempre tive prazer em ser realista, mas quando as outras pessoas destroem a sua fantasia, a mentira que você escolheu para dar algum charme à sua patética vida cotidiana, é imperdoável... no dia 25 eu acordei e fui ressaqueado na padaria — é — e conheci a Ludmila, tomando um suco de melancia e alimentando um weimaraner com um pedaço de sanduíche de peito de peru no pão integral. O cachorro dela era lindo, a cara do Brad Pitt. E eu com um olho na perna outro no cabelo, o nariz no umbigo, o rascunho de um quadro cubista do Picasso, pedi um café com leite, e lágrimas começaram a cair do meu rosto...

Pequena pausa.

MARCOS: Mulher adora homem que chora... eu também tenho um tesão em mulher chorando. Se eu for terminar um relacionamento e a mulher começar a chorar, dá uma vontade de... é um golpe baixo, cruel, e elas sabem disso... você disse alguma coisa?

João balança a cabeça.

MARCOS: As lágrimas chovendo na minha camisa, aquela mulher me olhando com uma compaixão amorosa, láctea — coitada, tá fodida —, eu pensava, e a beleza hollywoodiana daquele cachorro me humilhando e eu pensando: "Mas por que eu estou chorando? Eu estou no melhor momento da minha vida." E eu estava, naquele momento, eu estava me sentindo muito bem. Muito bem.

BRANCA/LUDMILA: Você está chorando?

MARCOS: Acho que entrou um cisco no meu olho, obrigado...

JOÃO: Eu já estou aqui.

MARCOS: [*para a plateia*] ...e não era aquele dia ou aquele mês. Eu estava me sentindo muito bem há três anos. Todos os dias, muito bem. Eu não meditava, não rezava, comia mal, bebia, fumava feito um psicopata, tinha largado a terapia, não tinha nenhum grande objetivo na vida e... [*se dá conta de que Ludmila está ali, fala para ela*] Desculpa, acho que eu estou um pouco sensível... eu tenho esse problema, às vezes eu sou sensível demais... o seu cachorro é lindo, qual é a marca? Raça?

JOÃO: Eu já estou aqui ou não?

MARCOS: [*para Branca*] Oi?

JOÃO: Eu já estou no seu apartamento?

Marcos olha para Branca, esperando que ela fale algo que deveria falar. Ela o encara, impassível. Sorri.

JOÃO: [*para Marcos*] Essas são as suas coisas. Hoje é dia 20 de janeiro de 2010, eu acabei de entrar pela sua porta como um soldado desconhecido, 24 flechas atravessadas no meu corpo, várias no meu coração sangrando e você me recebeu como se não percebesse a minha dor, como se as paredes brancas/

MARCOS: Eu percebi.

JOÃO: ...essa tábua corrida, as luminárias e você, o cabelo molhado para trás, como se um sorriso de piscina olímpica no rosto pudesse reter/

MARCOS: Você pode dormir aqui.

JOÃO: Obrigado.

Pausa.

MARCOS: Você tem feito alguma coisa de interessante?

Pausa.

JOÃO: Eu vi o seu Fusca beetle na garagem.

MARCOS: Sério?

JOÃO: É bem bonito... você não vai sair mais com ele?

MARCOS: Vou... vou.

Pausa.

MARCOS: Por que você passou na garagem?

JOÃO: O elevador da frente estava quebrado.

Pausa.

MARIANA: [*soprando o texto*] Ela te ligou?

JOÃO: Ela te ligou?

MARCOS: Não.

Pausa.

JOÃO: Acho que vou largar a peça.

MARCOS: Por quê?... Você não está gostando?

JOÃO: Eu acho que eu não sou um bom ator... eu acho que eu não sou bom em nada.

MARCOS: Não começa.

JOÃO: A maioria das pessoas tem vocação para fazer uma coisa na vida, algumas para fazer muitas, e outras para não fazer nada. Ou para fazer tudo como... um amador. Eu acho que eu sou uma dessas pessoas... um amador. Um eterno amador... como é que eu vou interpretar os sentimentos de um personagem, se eu não sei o que eu estou sentindo?... Quer dizer, eu sei o que eu estou sentindo, mas não sei o que provoca o quê.

MARCOS: Talvez isso seja bom... eu acho você talentoso.

JOÃO: As coisas não podem ser tão... difusas... isso não é... o que que eu faço bem?

MARCOS: Você é um bom ator.

JOÃO: Bom não é suficiente. Eu preciso ser muito bom... eu preciso ser o melhor ator desta cidade.

MARCOS: Não, você não precisa.

JOÃO: Eu preciso ser... extraordinário.

MARCOS: Você tem tudo para ser um grande ator.

JOÃO: ...além de atuar sempre como coadjuvante, de ser um dos capangas do vilão, aquele que morre primeiro no tiroteio, no primeiro tiroteio do filme, sem close, o amigo que ouve os problemas cretinos do galã, ou o atendente engraçado da videolocadora que todo mundo tem um pouco de pena, qual outro papel eu faço bem?... No que mais eu sou extraordinário?

MARCOS: [*pensa*] Você joga sinuca bem... e o seu molho de tomate...

JOÃO: É verdade... eu jogo sinuca bem... talvez eu jogue muito bem, mas eu não sou extraordinário, eu nunca, com as minhas jogadas... eu nunca causei uma comoção num salão de sinuca com as minhas jogadas, você tá me entendendo?... Não é nada disso que eu quero dizer.

João suspira.

JOÃO: Eu tenho me sentido o pior dos seres humanos há uma semana e tudo o que eu penso é em ter um filho... Que coração é esse que eu tenho?... Ontem à noite eu estava morrendo de saudades da Mariana e fui para a/

BRANCA: Lapa.

MARIANA: Kreutzberg.

MARCOS: Lapa.

BRANCA: Lapa.

João se levanta e vai até o proscênio. Um foco.

JOÃO: Eu tinha certeza de que a minha angústia não ia acabar se eu saísse para a rua, que eu ia voltar para casa ainda pior, bêbado, batendo a cabeça nos postes, que era só uma possibilidade de trocar uma angústia sóbria por outra entorpecida, o que quase sempre é uma boa saída, estragar conscientemente o dia seguinte que pouco promete, matar pequenas esperanças, desprezar o sol nascendo no final da rua como se ele fosse apenas um incômodo luminoso, um cisco no seu olho... é claro que sair de casa como eu estava ia piorar as coisas, mas a gente faz exatamente para isso, não é, para piorar... hein, meu amigo?... Cadê a minha cachaça?

Marcos olha para ele.

MARCOS: Você quer beber alguma coisa?

JOÃO: Uma cachaça, já te disse.

MARCOS: Eu ainda tenho champanhe do Natal. Ganhei uma caixa.

JOÃO: Então o atendente do boteco me serviu outra cachaça e eu fui para o lado de fora, na rua. Centenas de pessoas, algumas estrelas no céu nublado, ventando um pouco. Encostada num poste, mexendo numa bicicleta, uma mulher. Ela mexia na corrente, mexia na roda, olhava para os lados, voltava a mexer na bicicleta, olhou para mim.

Branca se levanta e vai até ele.

Branca começa a interpretar João.

BRANCA/JOÃO: Você está precisando de ajuda?

João sorri. Pensa.

BRANCA/JOÃO: Está precisando... de ajuda? [*para a plateia*] João entende o jogo e se coloca na posição de consertar a bicicleta.

JOÃO/MULHER DA BICICLETA: *Sí...* sim... ...*perdon*, eu não falo bem português... *usted hablas* espanhol?

BRANCA/JOÃO: Um pouco. *Un poco.*

JOÃO/MULHER DA BICICLETA: *Yo... la corriente de la bicicleta ha quebrado...*

JOÃO/MULHER DA BICICLETA: *Ah, la cadena. La cadena de la bici.*

JOÃO/MULHER DA BICICLETA: Como sabes?

BRANCA/JOÃO: *Yo lo estoy viendo, señorita.*

JOÃO/MULHER DA BICICLETA: Tu sabes...

BRANCA/JOÃO: *Arreglar? Si.*

Branca faz um gesto de mágica, como se tivesse consertado a bicicleta.

BRANCA/JOÃO: *Listo, señorita. Ahora puedes ir con tu bici para donde quieras.*

JOÃO/MULHER DA BICICLETA: Obrigado. *Thanks, gracias.*

BRANCA/JOÃO: *Mucho gusto, mi nombre es João.*

João/Mulher da bicicleta sorri.

JOÃO/MULHER DA BICICLETA e **BRANCA/JOÃO:** [*juntos*] Olivia.

Branca olha para João e volta a sentar na cadeira. João olha para ela. Invertem os papéis.

BRANCA/OLIVIA: *Yo soy Olivia de nuevo... quieres venir conmigo, João?*

João volta a sentar. Os quatro estão novamente sentados.

MARIANA: [*imaginando um roteiro de cinema*] Um homem perde a esposa num acidente de carro, em que ele estava dirigindo. Ele vende a casa, se desfaz de tudo, encontra com uma mulher de chapéu num apartamento para alugar, vazio. Eles transam, ele pede para ela não perguntar o nome dele/

MARCOS: *O último tango em Paris.* Já foi feito.

BRANCA/OLIVIA: *Quieres venir a mi piso... tomarte una cerveza?... es aquí, muy cerca.*

JOÃO: Eu tinha saído de casa porque eu estava com saudades da Mariana...

MARCOS: Você trepou com ela?

BRANCA/OLIVIA: *El ascensor está roto...*

JOÃO: Nós ficamos bebendo cerveja a noite inteira, a mulher era... inacreditável...

BRANCA/OLIVIA: *Gracias...*

MARCOS: Você trepou com ela.

JOÃO: ...sabe aquele tipo de mulher, de pessoa, que você nunca viu na vida, mas que você tem uma conexão, uma intimidade imediata, que o primeiro encontro é como um reencontro? Sócrates diz isso, não é? Que a gente já nasce sabendo tudo, só tem que lembrar/

MARCOS: Você comeu a espanhola.

JOÃO: Eu fiquei falando sobre a Mariana a noite inteira, e ela também, ela tem um namorado em Toledo... eu falei que eu estava me sentindo doente, anêmico, ela abriu os meus olhos suavemente com o dedo e disse que não, que era saudade mesmo. Ela trabalha como enfermeira, a mulher é enfermeira, entende a ironia? Nós rimos bastante, fizemos declarações eternas de amor para as nossas namoradas/namorados, houve um silêncio e a gente se beijou... houve um silêncio e... a gente trepou. Fodeu. Fez amor... eu não sei como expressar isso.

Eles se olham. Marcos se levanta e começa a ir na direção da coxia.

MARCOS: Vou pegar o champanhe.

JOÃO: O quê? ...Você acha que está tudo bem?

MARCOS: Você está se sentindo culpado?

JOÃO: Muito.

MARCOS: Vai passar.

JOÃO: Eu saí de casa doente de amor pela Mariana, com vontade de destruir tudo pela falta que ela me faz, e acabei fazendo amor com outra mulher.

MARCOS: Foi bom?

João acena que sim.

MARCOS: Você quer acabar com a Mariana e ficar com a argentina?

JOÃO: Claro que não. Espanhola. E ela vai voltar para a Espanha hoje. Mas mesmo que ela não voltasse...

MARCOS: Ainda tem duas garrafas...

JOÃO: Você acha que eu devo contar para Mariana?

MARCOS: Claro que não.

JOÃO: Eu já escrevi uma carta enorme contando tudo.

Marcos volta a se sentar.

MARCOS: Rasga... você não mandou, não é?

JOÃO: Ainda não.

MARCOS: Queima.

JOÃO: É tão bem escrita... dá uma pena rasgar. Vou esconder.

MARCOS: As mulheres encontram tudo.

JOÃO: Eu tinha pensado em mandar todas as cartas só depois mesmo... elas estão todas numa caixa. [*aponta a caixa no cenário*] Aquela.

MARCOS: Está cheia de cartas?

JOÃO: Quase.

BRANCA/OLIVIA: *Yo bebería champagne si todavía estuviera contigo en Brasil, João.*

JOÃO: De vez em quando você está, nos meus pensamentos...

BRANCA/OLIVIA: *Y en los sueños?*

Tempo.

JOÃO: Você sente saudades da Mariana?... A gente quase nunca conversa sobre isso, e...

MARCOS: O quê?

JOÃO: Você sabe... você pensa nela? Tem saudades...

MARCOS: ...claro que tenho, também. Nós somos tão ami-
gos/

JOÃO: Não, saudades... como namorada.

MARCOS: ...não, claro que não... acho que não. Você sabe
disso. Talvez um pouco, claro, como toda ex-
namorada... mas nada assim tão... ela é minha
amiga. Nós somos amigos. Por que essa pergunta
agora?

JOÃO: Você acha muito absurda?

Pequena pausa.

MARCOS: Não sei.

Pausa.

MARCOS: Não.

Pequena pausa.

JOÃO: Eu achei que as pessoas só bebiam champanhe
ao meio-dia em novela. [*para Branca*] *Yo* também
beberia champanhe contigo.

BRANCA/OLIVIA: *Perdón, perdón, yo estoy haciendo mi check-in, ya estoy dentro del avión, yendo para Toledo.
Un zumo de tomate, por favor!*

JOÃO: Que dia é hoje?... Que dia é hoje!?

MARIANA: [*imaginando*] Uma mulher, uma jovem mulher em crise, se hospeda num hotel de uma megalópole qualquer e conhece um estranho engraçado/

MARCOS: *Encontros e desencontros.* Já foi feito. Para escrever uma coisa boa você tem que pensar em algo pessoal. Depois te escrevo mais.

MARIANA: Pessoal? Você quer dizer algo do Eu? [*exagerada*] Do meu Eu?

MARCOS: [*olhos fechados*] João?

JOÃO: Oi.

MARCOS: ...acho que vou ter um ataque epiléptico.

Pausa.

MARCOS: Não deixa a minha língua enrolar. [*para si*] Respira...

BRANCA: "...seus dedos rumorejavam e borbulhavam na torrente de sons. Não lhe importavam que os ouvissem até longe. O narcótico da música paralisava sua medula e aliviava seu destino." Que dia é hoje?

MARCOS: Está tudo bem. Não vai ser agora não... O que você estava dizendo?

JOÃO: Você vai me avisar quando for ter o ataque?

MARCOS: Vou tentar.

JOÃO: Nós precisamos de uma boa notícia.

BRANCA: Já é para acontecer agora?

MARCOS: Nós precisamos daquela boa notícia.

MARIANA: Se é o que é para acontecer, aconteceu por agora... que dia é hoje?

JOÃO: Que dia é hoje?... [*para Mariana*] Por que você não manda notícias? Nós não nos falamos há...

BRANCA: É hoje!

– 8 –

Os atores agora se levantam, colocando as cadeiras no canto do palco, abrindo espaço. Eles ocupam o palco. Música.

BRANCA: [*junto com Mariana*] Uma mulher! *Una mujer!*, vamos chamá-la/

MARIANA: [*junto com Branca*] Uma mulher, vamos chamá-la de Mariana/

BRANCA: Vinte e seis anos!

MARIANA: Mariana, 26 anos, vestindo [*ela descreve o que está vestindo*], está numa cidade que não é a sua. Essa é a história. Ela está feliz, o filme que ela fez foi aplaudido num Festival Internacional de Cinema, ela sente essa felicidade no corpo, uma sensação de calor, de permanente calor, mas estranhamente ela também sente que o corpo dela/

MARCOS: Você já vai chegar nesta parte?

JOÃO: Qual parte?

MARCOS: Eu adoro essa parte!

MARIANA: Eu passo pela ponte, jogo uma flor no rio, na porta do quarto eu colo um bilhete: Bem-vinda!

MARCOS: Bem-vindo!

MARIANA: ...no telefone da cabine telefônica, eu ouço um mantra budista: ohmmmmmmm. Alguém coloca a mão nos meus cabelos e leva um choque elétrico, vou me jogar na grama!, eu penso, eu sonho: quanta esquina. E olhando para cima, de relance, consigo contar: 26 nuvens.

Todos olham para o céu.

MARCOS: Você recebeu o e-mail?

JOÃO: Não. Ela te mandou algum e-mail?!

MARIANA: Que corpo é esse que não é o corpo dela?

JOÃO: Eu não acredito que/

MARIANA: A sala de jantar da minha casa não sai da palma da minha mão.

MARIANA e **BRANCA:** [*juntas*] Olhando a vitrine da loja de computadores, tem um teclado em superlançamento, todas as teclas são de "enter".

JOÃO: Eu vejo o avião se aproximando na pista...

MARCOS: Você foi no dia errado, João, ela chega amanhã!

JOÃO: Eu vou dormir aqui no aeroporto!

MARIANA: Eu sou uma ilha grega, eu poderia dizer...

BRANCA: O João trouxe três tamborins! Vamos fazer uma festa!

MARCOS: O que está acontecendo?

BRANCA: Você sabe, alguma coisa muito boa!

MARCOS: Quem é você agora?

BRANCA: Todas as mulheres do mundo.

Foco em Mariana.

MARIANA: Agora eu estou pelada, o corpo ainda molhado no banheiro, eu estou tremendo, algumas crianças passam brincando no corredor do hotel, eu olho o copo cheio de xixi no chão, eu sou um animal. Eu sou um animal tremendo. Eu sou um animal esperando dar o grito.

MARIANA e BRANCA: [*juntas*] Eu estou grávida!

MARCOS: Ela está grávida!

JOÃO: O quê?

MARCOS: Grávida! Grávida! A Mariana está grávida!

JOÃO: [*como se estivesse vendo-a de longe*] Mariana! Mariana!

BRANCA: Música! Marcos e Branca fazem a comitiva da chegada da Mariana. Ela e João se encontram, se beijam. Movimentação. Cena. Comemoração. Festa. Clímax! Eles caem no chão ou sentam, relaxam, bebem água…

– 9 –

Marcos volta a tomar o seu lugar de narrador, agora sozinho no meio do palco.

MARCOS: Aquela semana da chegada da Mariana, da comemoração do anúncio da gravidez, talvez tenha sido a mais feliz da nossa amizade... das nossas vidas, provavelmente... nós três ficamos tão enlouquecidos — eu digo nós três porque eu tive que terminar com a Ludmila. Uma pessoa nova não ia acompanhar a nossa epifania. Tanta coisa para explicar, tanta história, que atravessa... desafina o bloco... nunca sobra confete e serpentina para todo mundo, não é? [*para Branca*] Desculpa, você está sozinha de novo... [*para todos*] Como fugir de algumas imagens comuns?... Houve uma suspensão do tempo para a nossa alegria, nós jogamos, quebramos todos os relógios para comemorar o que agora se mostrava como a vida, a Vida... [*para os atores*] Eu preciso dizer que eu amo vocês... e naquela semana... nós fomos felizes para sempre.

JOÃO: Fim.

Pausa.

MARCOS: Então, de um momento para outro, sem nenhuma preparação dramática, as coisas começaram a dar errado...

JOÃO: Fim.

MARCOS: Na semana seguinte, no dia 3 de março, uma segunda-feira ensolarada, eu perdi o emprego. Perdi, não, tiraram de mim. Eu trabalhava na mesma agência de publicidade há sete anos. "Eu ajudei a construir esse prédio!" Eu sempre tive a certeza de que eu era o tipo de pessoa que nunca perderia o emprego. Quem perde os empregos são os outros, os desempregados. As pessoas comuns, das estatísticas, das filas na televisão.

JOÃO: Vamos voltar para o início?

MARCOS: E na sexta-feira, o pior aconteceu. Depois de passar mal no cinema, com muitas dores, a Mariana foi parar no hospital. Ela chegou lá rapidamente, com um sangramento que não parava, os médicos tentaram, mas não havia o que fazer... ela perdeu o bebê.

Silêncio.

MARCOS: [*para os atores*] Desculpa ter contado isso... assim... tão bruscamente... essas vão ser as minhas últimas palavras como narrador... [*para a plateia*] eu não posso conduzir mais... nada. Eu sou o narrador que perde a narração no meio da história. Eu sou o personagem que no meio da peça perde todas as referências e entra em crise... que não sabe mais... como continuar... "Fim do primeiro ato".

Silêncio.

JOÃO: É?... Se você vai entrar, se você também vai entrar em crise e não vai mais narrar a história, talvez seja melhor você não terminar este ato... é muita dramática. Essa frase: "Fim do primeiro ato". Muito forte. Acho que a última frase não pode ser sua. O seu personagem tem que terminar mais frágil...

MARCOS: Verdade... como você acha que deveria terminar?

JOÃO: ...com o começo. A cena inicial. Um pouco de esperança para se contrapor à dor da morte. O dia em que nós três nos... o dia em que você me apresentou para a Mariana, na frente do cinema.

Marcos olha para Mariana, que faz que sim.

BRANCA: Já sei, estou fora... posso fazer uma transeunte?

JOÃO: Estava chovendo...

– 10 –

Branca vai pegar um guarda-chuva. João está sozinho. Marcos e Mariana chegam ali.

MARCOS: Esse que é o João, que eu te falei... João, Mariana...

JOÃO: Oi.

MARIANA: Oi... vamos entrar? Acho que vai começar...

JOÃO: Acho que eu não vou assistir, não, já vi esse filme tantas vezes... vou ficar aqui, pensando um pouco...

MARIANA: Na rua?

MARCOS: Cada sessão acaba sendo diferente...

MARIANA: [*observando João, para Marcos*] Essa roupa não é sua?

MARCOS: É, eu... a gente trocou no final de semana, foi bem engraçado... essa roupa que eu tô usando é dele, a gente tava/

BRANCA: [*se aproxima, guarda-chuva aberto*] Desculpa, aqui é a fila do *Jules e Jim*?

Eles, que não estão em fila, se entreolham.

MARIANA: A entrada no cinema é ali.

BRANCA: Obrigada...

Branca sai dali, observando-os de longe.

MARCOS: Vamos entrar, então?

MARIANA: [*para João*] Você não vem?... Que engraçado... eu nunca tinha te visto antes, mas... parece que eu te conheço... há tanto tempo.

JOÃO: Eu ia dizer a mesma coisa... o Marcos me falou muito de você, e te vendo agora você me parece tão próxima... parece que você é minha... como é que se diz... como é a palavra?...

Eles se olham, sorriem.

BRANCA: O filme vai começar! [*sai*]

Som de chuva.

MARIANA: [*olha para cima*] Começou a chover.

Mariana oferece a mão para João. Ele segura na mão de Mariana, que puxa-o correndo para fora de cena. Marcos fica sozinho.

MARCOS: Acho que vou ter um ataque agora...

Chuva. Fim do primeiro ato.

Ato 2

– 1 –

João e Mariana puxam a cortina do fundo do palco, revelando o cenário da sala de um apartamento, quase vazio. Uma porta, um sofá, caixas de mudança, uma lata de tinta. A luz acende sobre este cenário. João e Mariana estão no apartamento. Marcos está em outro canto do palco, na penumbra, vendo esta cena.

JOÃO: Só sobrou isso?

MARIANA: Tá tudo vazio... o apartamento está vazio.

JOÃO: Você achou mais alguma coisa?

MARIANA: Esse vaso estava no parapeito da janela. Podia ter caído. Você colocou lá?

JOÃO: Coloquei...

Pausa.

MARIANA: Tinha uma caixa de papelão perto da porta.

JOÃO: Você está bonita.

Pequena pausa.

MARIANA: Você também.

MARCOS: [*baixinho*] Vocês não disseram isso...

JOÃO: A Kombi da mudança deve estar lá embaixo...

MARIANA: Eu vou pagar.

JOÃO: Pode deixar, eu já paguei... ele aceitava cheque... pré-datado.

Eles olham o apartamento.

JOÃO: A pintura ficou boa...

MARIANA: ...

JOÃO: A parede do quarto estava cheia de infiltração.

MARIANA: ...

JOÃO: Teve que raspar a parede toda, as bolhas...

MARIANA: Foi?

JOÃO: Ontem já veio um sujeito olhar o apartamento, acredita? Com uma filha, adolescente. Parece que ele era, é um violinista aposentado... a garota grudou um chiclete na pia da cozinha.

Pausa.

JOÃO: Eu não quero fazer a cena da separação em que o casal fica falando sobre coisas banais em vez de falar sobre os próprios sentimentos.

MARIANA: Mas foi isso que aconteceu.

JOÃO: Ficar repetindo é muito cruel.

MARIANA: Por que você não me contou que tinha transado com outra mulher?

JOÃO: Eu não tive coragem... não significou nada. Não significou nada para mim... por que é tão difícil sair do clichê?

MARIANA: Nós somos comuns, João. Na hora de se separar todo mundo vira um pouco personagem de novela.

JOÃO: Você acha?... Essa foi uma das piores cenas da minha vida... eu estou vivendo o pior momento da minha vida.

MARIANA: A gente tinha que se separar. Por que você não me contou? [*para si*] Nós não nos separamos por causa disso.

JOÃO: Eu queria tanto que tivesse acontecido de uma outra forma.

MARIANA: Por que você não faz, por que você não fala algo para mudar essa cena, essa história, agora?

João pensa. Não consegue falar nada.

MARIANA: Então fala o que você falou, antes de eu descer no elevador.

MARCOS: [*baixinho*] Você desceu de escada, o elevador estava quebrado...

JOÃO: "Você cortou o cabelo?"

MARIANA: "Cortei."

Eles se beijam. Ele começa a sair.

MARIANA: Você tem razão, falar sobre a outra mulher não significava quase nada, era uma maneira de culpá-lo, de desviar do problema, aliviar a minha culpa, achar o ponto errado. Como ela ficava, deitada, na acupuntura, no meio daquelas tardes quentes, insuportáveis, cinquenta agulhas no corpo, tentando pensar o porquê, aquele cheiro enjoativo de cânfora no ar-condicionado, mas não havia apenas um motivo para a separação, e ela sabia disso, ela sabia, não precisava pensar tanto, era só lembrar um pouco, quando estavam juntos, ela se observava pensando: "eu não vou ficar mais muito tempo com o João." E doía, ela tentava apagar, mas logo em seguida uma certeza ia se moldando: "nós vamos nos separar." E não conseguia se livrar daquele pensamento, mesmo em momentos alegres, quando ela podia sentir que o amava, como naquela última noite de Natal, se lembra?, as taças de champanhe pela casa, as velas se apagando, e eles terminando a noite com a janela aberta... mas ela sabia o que a incomodava, o que a fazia amá-lo menos, não admirá-lo mais, o que dava vontade de machucá-lo. De puni-lo. Muito. Por não saber amá-la. A imaturidade. A dependência emocional. A falta de força. A confusão... o tempo passou.

JOÃO: Você, mais uma vez, não falou da morte da Clara! [*começa a sair, volta*] Como você é cruel. Ele queria ter um filho, uma filha com ela.

– 2 –

Branca já entrou em cena, e colocou uma cadeira sob um foco, mais para o canto do palco.

BRANCA: *Yo voy a coger el teléfono y llamar.*

MARCOS: [*para Mariana*] Naquela noite, vendo você sofrendo, eu percebi que também não tinha me esquecido de você, que eu ainda te amava...

Marcos entra no cenário do apartamento.

MARCOS: Agora eu estou no meu apartamento, encharcado de vinho. A respiração ofegante. Acabei de trancar a porta/

MARIANA: Você disse que não ia mais/

MARCOS: Eu acabei de trancar a porta, você entrou — você queria conversar sobre a separação com o João —, eu me virei para a parede.

JOÃO: Então eu não posso ver isso. Eu não estou aqui. Eu estou deprimido, vagando por alguma rua, à noite.

João sai do cenário do apartamento.

MARCOS: Eu olho nos seus olhos: "Eu queria que você me amasse novamente."

MARIANA: Eu não vou fazer essa cena.

MARCOS: Por quê?

MARIANA: Porque ela não aconteceu. Você nunca me disse isso.

MARCOS: Mas eu posso te dizer um dia. Quantas vezes você quiser.

MARIANA: [*cansada*] Eu não quero mais fazer esta mulher. A Mariana sumiu por um bom tempo. Eu quero observar vocês... me entretenham... façam o que vocês quiserem!

João pega o vaso e quebra no chão. Mariana e Marcos sentam no sofá do apartamento, ao fundo. Longo tempo.

BRANCA: Vocês acham que a gente muda com o tempo?

Silêncio.

BRANCA: Vocês acham que a gente mudou com o tempo?

Branca tira um celular do bolso.

BRANCA: [*com sotaque espanhol*] *Hola, Victoria? Yo necesito hablar contigo ahora, sí, ahora*]

Se dá conta de que está fazendo o personagem errado. <u>Começa a fazer Simone</u>, seca.

BRANCA/SIMONE: Oi, Marcos, sou eu, Simone. Esse já é o décimo recado. Eu deixei o meu livro, *O homem sem qualidades*, aí... te desperta alguma coisa? Eu estou precisando dele. Esta semana. Eu não quero ter que te ligar de novo.... um beijo, um abraço.

Liga de novo. <u>Agora ela é Ludmila</u>, bem simpática.

BRANCA/LUDMILA: Alô, Marcos, é Ludmila, tudo bom?... Quanto tempo, saudades... é, a gente está fazendo uma matéria aqui na revista sobre jovens promissores, jovens profissionais de destaque que perderam o emprego na crise... e eu pensei em você... se você não daria um depoimento... sobre a primeira demissão, a primeira grande crise na vida, como se lida com o desemprego... É um golpe na autoestima? A importância da criatividade neste momento... enfim, acho que pode ser bem interessante. Queria muito que você fosse um dos nossos perso... vamos nos falar. Vamos tomar um chope, estou com saudades... eu te convido... a gente divide. Enfim, o importante é... vamos nos ver. Me liga? Beijo, saudades.

JOÃO: [*para plateia*] Naqueles meses, que pareceram séculos... [*ele desiste de falar*] Eu não sei fazer isso.... o que falar? O que falar sobre a morte? Como não ter pena de mim mesmo?... Eu não tinha idade para ter um filho, muito menos para perder um filho. E uma mulher... eu fui ao teatro algumas vezes naquela época, e não me lembro de uma cena que vi.

– 3 –

João e Marcos colocaram duas cadeiras perto do proscênio, sugerindo a ambientação do "apartamento de Marcos". Marcos vê TV. O cenário do outro apartamento, no fundo do palco, está na penumbra, Mariana deitada no sofá.

JOÃO: Acho que não tem mais água na geladeira... vou comprar... a drogaria entrega aqui.

Pausa.

MARCOS: É.

JOÃO: Você tem certeza que está feliz em ficar me hospedando?... Eu posso ir para um hotel.

MARCOS: Você não pode ir para um hotel... mas eu estou feliz, João.

O celular de João apita, indicando que tem recado. Ele tenta ligar, mas não consegue.

JOÃO: Dá para pegar recado pelo telefone fixo, não dá?...
Eu esqueci a minha senha.

Longo tempo.

JOÃO: Você tem que limpar esse aquário. O escafandrista está cheio de limo... tem algum peixe vivo ali?

Pausa.

JOÃO: Quer ligar a TV?

Marcos balança a cabeça.

JOÃO: Não quer ver TV?

Marcos balança a cabeça.

JOÃO: Quer falar sobre a dor?

Silêncio.

JOÃO: Eu que me separei e você que está de luto!

MARCOS: Já faz sete meses!

JOÃO: Eu estou sofrendo!

MARCOS: Eu ainda sou apaixonado pela Mariana.

Eles se olham.

JOÃO: [*para a plateia*] Naqueles dias, naqueles meses, que se estenderam por alguns séculos... vou ter que voltar à ladainha sentimental... o que não saía de mim, como um abscesso/

MARCOS: Você ouviu o que eu disse?

JOÃO: Você não vai fazer essa confissão agora... só isso. Não vai... [*volta para a plateia*] O que eu senti [*muda*] Eu não sei narrar esta... você não pode falar isso agora.

No cenário, ao fundo, Mariana fala com alguém que está do lado de fora da porta.

MARIANA: Oi, alguém deixou uma caixa para mim ontem?... De papelão... mas iam deixar ontem...

Pausa.

MARIANA: Que horas começa a cena da revelação?

BRANCA: *Nada de nuevo en este lado del oceano...*

MARCOS: Vou ligar a TV.

JOÃO: A minha vida é um buraco. Nada de bom vai acontecer. Nunca mais. A minha vida acabou.

Pequena pausa.

BRANCA: O que foi que você disse?

JOÃO: A minha vida é um buraco. Nada de bom vai acontecer. A minha vida acabou.

BRANCA: Não, não, vai sim. Você não vai morrer agora, ninguém mais vai morrer aqui. Nós temos um encontro daqui a um mês... o carro quebrado... numa ponte.

João olha para ela.

BRANCA: Eu sou o estepe de um pneu Goodyear.

Marcos liga a TV.

BRANCA: [*como num comercial*] Goodyear... Goodyear Duraplus.

MARCOS: Adoro Sky.

MARIANA: [*no celular*] João, eu ainda não recebi a caixa que você disse que ia me mandar...

JOÃO: [*no celular*] Eu queimei a caixa, já disse para você não me procurar mais! Muda o disco!

Mariana começa a chorar, soluçando, um pouco exagerada.

JOÃO: Alô!... Alô!

MARIANA: Que horas começa a cena da revelação!???

– 4 –

Branca se levanta e começa a interpretar uma apresentadora de TV espanhola.

BRANCA/APRESENTADORA: *...gracias, Pilares, por tus sinceras palabras. Un beso y mi cariño para todos los de Valencia... bueno, como nosotros hemos visto, el reciclaje es un asunto muy muy serio, que puede salvar vidas... y mantener el planeta vivo, pulsante, ecológicamente glorioso... ahora nosotros vamos a entrevistar el chef... [ouvindo o ponto] no es la hora de los nachos? Después... si, perdón, [sorri] debe ser el hambre, yo comí solo una manzana en el desayuno... en un ratito vamos a aprender con el chef mejicano Pablo Ortis el secreto del nacho mejicano. Que el nacho no es solo una tapa muy fácil de hacer, en casa, para los amigos y la familia, sino que también puede ser nutritivo, versátil y casi sin gordura... no es verdad, Pablo? Sí... pero ahora el tema es muy serio. En nuestro espacio periodístico: "problemas de una nueva era: la depresión juvenil..."*

Mariana agora interpreta Victoria, sotaque espanhol. Ela fala num telefone vermelho, pendurado no canto do palco, como se fosse um orelhão.

MARIANA/VICTORIA: *Hola, Olivia? Me escuchas, Olivia?*

JOÃO: Vou na banca comprar um cartão.

João sai do "apartamento de Marcos" e cruza para o lado oposto do palco.

BRANCA/APRESENTADORA: *Nosotros estamos aquí con tres hermanos. [lê uma ficha] Pablo, Pablo también?, Pedro y... Patricio La Parra. Estos tres hermanos de Valladolid se quedaron deprimidos, sin salir de casa, por tres años... si, los tres hermanos, por tres años enteros, tuvieron depresión al mismo tiempo... pobre de esta madre... pero ella también tuvo la enfermedad en su juventud... que barbarie...*

JOÃO: Não tem ninguém na banca de jornal?!

BRANCA/APRESENTADORA: *Lo que comprueba que la depresión no es una derrota personal, pero si un mal genético...*

JOÃO: [*para os céus*] Eu só quero comprar um cartão telefônico!

Marcos vai até João, <u>interpreta o homem da banca</u>, sem muita vontade.

MARCOS/JORNALEIRO: Fala.

JOÃO: Você tem algum jornal com boa notícia?

MARCOS: Só no final da cena.

BRANCA/APRESENTADORA: *Pero los tres chicos lo han superado y ahora están aquí, estupendos, para hablarnos.*

Som de telefone.

Branca entra no apartamento do fundo do cenário. <u>Agora ela é Olivia.</u> E o apartamento é a "casa de Olivia", em Toledo, Espanha.

Vemos as cenas paralelas, entre João e Marcos, na "banca de jornal", e entre Olivia e Victoria, na Espanha. <u>Victoria não é Mariana/Victoria, e sim outro personagem.</u>

VICTORIA: [*nervosa, no orelhão*] *Olivia? Olivia? Me oyes?*

MARCOS/JORNALEIRO: Você está envelhecendo... marcas de expressão.

JOÃO: Quanto é o cartão?

MARCOS/JORNALEIRO: Vinte reais.

JOÃO: Droga, só tenho 10...

MARCOS/JORNALEIRO: Eu vendo fiado.

BRANCA/OLIVIA: *Estoy aquí.*

VICTORIA: *Olivia, pasa algo? Hay siete mensajes tuyos. Estaba preocupada.*

BRANCA/OLIVIA: *No, todo está bien... Tú estás bien?*

VICTORIA: *Sí, claro. Dónde estás?*

BRANCA/OLIVIA: *En casa. Estaba viendo la tele... el programa de Marta Perez.*

João acabou de discar, está com o celular no ouvido. Victoria e Olivia também.

VICTORIA: *Entonces...*

BRANCA/OLIVIA: Nada...

João espera para ouvir o recado.

VICTORIA: *Como que nada? No puede ser nada. Después de siete llamadas no puede ser nada.*

BRANCA/OLIVIA: *Solo un momentito, Victoria... [muda a ligação, deixa recado] "Hola, João... soy Olivia, de España, te acuerdas de mi?... Lapa, bici, escaleras... yo sé que es un poco extraño... pero necesito mucho hablar contigo... Mi teléfono es 43 11 345 2340... bueno, me llamas... urgente. Un gran beso. Olivia.*

João desliga a ligação, pensativo.

VICTORIA: *Olivia?*

JOÃO: Eu não posso narrar se eu nunca sei o que vai acontecer.

MARCOS: É como na vida. Atua.

João começa a discar.

VICTORIA: *Olivia, estás ahí?*

BRANCA/OLIVIA: *Sí, perdón... quería saber si podrías pasar por el mercado y comprar unos nachos mejicanos.*

MARCOS: Respira...

VICTORIA: *Nachos? Sí, claro.*

BRANCA/OLIVIA: *Diez cajas, por favor.*

VICTORIA: *Diez?!*

MARCOS: Sofre...

BRANCA/OLIVIA: *Sí... diez. Estoy con tanto deseo...*

MARCOS: Desmaia.

João desmaia.

BRANCA/OLIVIA: *...estoy con tanto deseo que no me puedo controlar!!!*

– 5 –

Foco sobre Branca/Olivia.

BRANCA/OLIVIA: [*para a plateia*] Eu vou falar em português, apesar da Olivia ser espanhola. É que esse é o solilóquio dela, e é o meu solilóquio aqui, então, eu queria... que vocês me entendessem. A Olivia precisa que vocês a entendam agora, ela está muito sensível... ela é a mulher mais importante desta história, agora. A partir deste momento dramático, não tão extraordinário assim, todavia — eu estou sem sair de casa há uma semana, já decorei os movimentos das sombras do sol vagando no meu quarto — ela... bom, vocês já perceberam... será que alguém pode me ajudar aqui, *hóstia*!?

Mariana/Victoria entra e coloca uma barriga falsa em Branca/Olivia.

BRANCA/OLIVIA: *Gracias.* Essa é a cena da revelação. Agora vocês podem murmurar com espanto: "Oh... ela está grávida!" De um homem quase desconhecido... que eu vi durante uma noite. Em um outro país. Num lugar chamado Lapa. Eu sou mais uma deusa da fertilidade!... *Que más?...*Durante alguns meses eu tentei entender por que o meu destino foi selado por uma fábrica de camisinhas, pela frágil elasticidade de um preservativo... *bueno*, eu resolvi entrar em acordo com o destino, com Deus, mesmo ele resolvendo se manifestar em camisinhas...

MARIANA: Jontex.

MARCOS: E pães Plus Vita.

BRANCA/OLIVIA: Talvez a divindade esteja nas pequenas coisas. [*ela olha para o céu*] *Gracias, señor. Eres increíble... estoy muy feliz. Pero otra como esta, sin avisarme y me transformo en budista.* [*para a plateia*] *Soy muy católica...* agora eu deveria continuar falando da relação entre o amor e o acaso, de porcentagens, da matemática *de la pasión*, mas... eu estou passando batom e colocando a roupa que eu tenho mais bonita para sair. A próxima cena é o reencontro entre duas pessoas que vão ter um filho, e não se amam como poderiam se amar, e nem pensam em ficar juntos, vão passar a maior parte das suas vidas separadas, mas que de vez em quando até marejam os olhos quando se encontram, como dois peixes dourados se olhando num aquário.

– 6 –

Ponte de Toledo. João e Marcos estão na estrada, com duas malas, esperando.

MARCOS: Que horas ela falou que ia chegar?

JOÃO: Duas.

MARCOS: São duas e meia.

Pausa.

JOÃO: Será que ela passou e foi embora?

MARCOS: Não, ela não faria isso com você... Você está nervoso?

João balança a cabeça. Eles olham a vista.

JOÃO: Será que tem algum restaurante por aqui?... Não, ela pode passar nessa hora...

Marcos tira fotos com o celular.

JOÃO: Acho que Dom Quixote era desta região... La Mancha... ano que vem vou ler todos os livros que eu larguei no meio...

Marcos tira uma foto deles. Os dois olham a foto no visor.

JOÃO: Está vindo um carro...

Eles esperam o carro, que passa direto por eles. Marcos lê um guia turístico.

MARCOS: Ponte em espanhol é no masculino.

JOÃO: É?... sempre achei ponte uma coisa feminina.

MARCOS: Espanhol é um povo meio machista...

JOÃO: Você acha?

MARCOS: Em francês também é no masculino, "le pont".

JOÃO: O mar em francês é no feminino, "la mer".

MARCOS: O que daria em: "o ponte sobre a mar".

JOÃO: Cala a boca...

MARCOS: [*lendo*] *El puente de Toledo, construido con silla-res de granito, se compone de una parte central formada por nueve arcos de medio punto con só-lidos contrafuertes...*

Branca/Olivia chega correndo, esbaforida.

BRANCA/OLIVIA: *Hola, chicos. La rueda del mi coche se ha pinchado. Necesitamos una nueva. Goodyear Duraplus.*

Eles olham para ela.

BRANCA/OLIVIA: [*fala mais rápido*] *Chicos, la rueda del mi coche se ha pinchado. Necesitamos una nueva. Goodyear Duraplus.*

MARCOS: *E aonde nosotros podemos encontrar una?*

BRANCA/OLIVIA: *Hay un taller cerca de aquí. Pero tenemos que caminar. Es de un hombre viejo, un mecánico que luchó en la guerra civil española, sr. De Vega.*

Mariana, que estava no canto do palco, joga um pneu em cena, que cai na frente de João, Marcos e Branca/Olivia. Eles olham para o pneu abismados, como se aquilo não devesse ter acontecido.

JOÃO: Tem um pneu aqui.

MARCOS: Você... não tinha reparado?

BRANCA/OLIVIA: *Por dios, una rueda Goodyear!*

MARCOS: *Plazer, Marcos.*

BRANCA/OLIVIA: *Olivia.*

MARCOS: É verdade que o Dom Quixote era desta região?

BRANCA/OLIVIA: *Os iba a encantar conocer el señor Vega. Él tiene tantas historias verdaderas. En su tienda tiene ruedas viejas de todos los tipos. Mientras cambia las ruedas se bebe una limonada en su terraza y los lagartos se quedan friendo al sol, pegados en la carretera... el encuentro con el sr. Vega sería maravilloso.*

JOÃO: Eu não sei se eu vou ser um bom pai.

BRANCA/OLIVIA: *Está bien.*

JOÃO: Você está bonita.

BRANCA/OLIVIA: *Tú también.*

JOÃO: Este pneu é a metáfora de alguma coisa?

BRANCA/OLIVIA: *No. Nada es una metáfora aquí. Las cosas ahora son muy concretas. Yo voy a tener un hijo.*

MARCOS: Eu achei que aquela caixa com as cartas de amor representasse alguma coisa.

JOÃO: É só uma caixa com cartas de amor que não servem mais para nada. Eu queimei tudo.

MARIANA: [*no canto do palco, fala ao telefone*] João, desculpa te falar isso por telefone, te deixar esse recado, mas... você nunca me atende... eu sei que você pediu para eu não te procurar mais, mas eu precisava te contar... eu estou namorando uma pessoa... eu não queria que você soubesse por outras pessoas.

Pausa.

JOÃO: A Espanha é muito linda... [*para Marcos*] Você pode perguntar para mim: "aquilo ali é um moinho, senhor?"

MARCOS: "Aquilo ali é um moinho, senhor?"

JOÃO: "É, Sancho Pança."

João vai até onde Mariana está e corre atrás dela.

MARCOS: Acho que vou ter um ataque agora.

Música. João corre atrás de Mariana. Olivia e Marcos arrumam o cenário do "apartamento de Olivia", no fundo do palco.

MARIANA: ...não foi isso que aconteceu!

JOÃO: Você não vai fugir desta história!... A Mariana ainda ama o João?

MARIANA: Não sei!... Claro que ama!

JOÃO: É um cara mais velho, não é? É o quê, um diretor? De cinema!?

MARIANA: E o João, vai esquecê-la em quanto tempo? Nessa viagenzinha para a Europa? Quando ele vai contar que engravidou uma outra mulher? Que engravidou uma outra mulher na época em que eles namoravam! Quando ele vai contar que vai ter um filho com uma outra mulher?!

JOÃO: Não fala assim...

MARIANA: Só quando o seu filho nascer, não é?

JOÃO: A gente precisa se ver de novo. A gente precisa resolver esta história.

MARIANA: Não vai ser bom para ninguém.

JOÃO: Mesmo assim...

MARIANA: Não tem mais nada para resolver...

JOÃO: A Mariana não está aqui! Essa cena não existe.

MARIANA: E nos seus sonhos?

– 7 –

Marcos e Olivia já estão sentados na "casa de Olivia". A luz é amarelada. Tem um tapete colorido no chão. Marcos fala em portunhol, seriamente.

MARCOS: ...publicitário... pelo menos é o que está escrito *em mi carteira de trabaho...*

BRANCA/OLIVIA: *Estás mejor?*

MARCOS: *Sí, sí...yo soy epiléptico, mas às vezes eu tenho uns ataques falsos, acho que vou passar mal, mas não passo.*

BRANCA/OLIVIA: *Hmmm... publicitario?*

MARCOS: Não sei como se diz em espanhol. Publicitário...

BRANCA/OLIVIA: *Publicista.*

MARCOS: *Yo soy redator na agência. Redator?... mi trabajo é... hacer las personas desejarem cosas. Cosas que elas acreditam que van hacer mucha falta na vida delas... yo vendo sonhos... desejos... yo trabaho explorando la insegurança de los outros.*

BRANCA/OLIVIA: *Estás con hambre?*

MARCOS: *Sí, gracias.*

João entra ali, vindo do banheiro.

BRANCA/OLIVIA: *Estás bien?*

JOÃO: *Sí...*

MARCOS: Aonde você estava?

JOÃO: Fui lavar as mãos.

MARCOS: Mas agora *yo* quero *hacer una* outra *cosa*. Não sei ainda bem o quê. *Una* outra *cosa...*

JOÃO: Tem alguém no banheiro? A porta está fechada. Eu não consegui abrir...

BRANCA/OLIVIA: *Bueno... te sientes mal?*

JOÃO: Não... queria tirar a graxa da mão.

MARCOS: *Yo sinto como se estivesse desperdiçando mi vida. Não, isso no es verdade, é um cliché. Eu não sinto isso. Yo sinto que yo mereço* viver algo maior, que faça mais sentido...

JOÃO: Você mora com alguém?... Ah, o seu namorado...

MARCOS: ...ou que não faça sentido nenhum, mas que seja mais belo...

BRANCA/OLIVIA: *Sí, moro. Hice unos nachos mejicanos. Quieren almorzar?*

MARCOS: ...acho que a vida tem a ver com a beleza, não é?

JOÃO: Você não vai apresentar ele?

BRANCA/OLIVIA: Ele?

JOÃO: É... o seu namorado não mora com você?

BRANCA/OLIVIA: *Ah, no, nosotros... creo que ella está con vergüenza de venir hasta aquí...*

JOÃO: *Ella?*

MARCOS: Eu tenho andado com falta de ar. Muita. Ar. Falta.

BRANCA/OLIVIA: *Hola... bueno, chicos, esta es Victoria. Nosotras compartimos esta casa.*

A plateia ainda não vê Victoria, que está fora de cena. Mas os personagens conseguem vê-la. Marcos fica em estado de choque. Anda catatônico até o proscênio e desaba, ajoelhado. João vai até ele.

JOÃO: Não... não tenha o ataque...

Marcos olha para João, sem entender.

JOÃO: Eu sou seu amigo... eu te amo... deixa eu ter o ataque no seu lugar.

Eles se olham.

JOÃO: Eu sei exatamente o que você está sentindo. Eu sei o que aconteceu no seu corpo quando você viu ela entrar. Talvez, se o seu corpo, se você vir o meu corpo em agonia, tendo um ataque aqui, com algum distanciamento, você vai sofrer menos. Talvez você consiga sair de você um pouco. Talvez vendo outra pessoa tendo essa dor você não vai ter que sofrê-la... tanto... deixa eu ter o ataque no seu lugar.

João se aproxima dele. Se senta no chão.

MARCOS: Agora.

João se deita. Música. A luz vai mudando.

– 8 –

Vemos Victoria entrar lentamente no apartamento. Ela usa um vestido diferente do de Mariana.

Na frente do palco, Olivia fala para a plateia, enquanto arruma o cenário do jardim da casa, com João.

BRANCA/OLIVIA: [*para a plateia*] Claro que a Victoria não era tão parecida com a Mariana, os cabelos talvez, mel, os olhos de mel, decididos, para resolver coisas urgentes que ela sabia resolver, como trocar lâmpadas no céu dos outros — meu Deus, quanto mais eu a descrevo, mais diferente da realidade ela fica... em uma semana, eu e a Victoria vamos estar novamente sozinhas nesta casa. E o Marcos vai ter esquecido uma camisa de flanela no armário. Que vai ficar lá dentro por... três anos... essa é a primeira noite deles aqui, mas vocês podem sentir como se fosse a última. Se nós estivéssemos num *sitcom* a graça toda estaria no fato de que o Marcos só percebeu que eu e a Victoria éramos namoradas no final da noite. É difícil descrever exatamente o que aconteceu. Os diálogos serão fragmentos do que aconteceu... talvez eles tenham sido sempre assim.

– 9 –

Victoria e Marcos sentados no sofá da sala, tomando vinho. Marcos paquera Victoria. No proscênio, João e Olivia deitados, no jardim.

MARCOS: Victoria... "Victoria"... uma das Spice Girls se chamava Victoria...

VICTORIA: *Quien?*

MARCOS: *Victoria Beckham... mujer do David Beckham. Jugador de pelotas... el metrossexual.*

VICTORIA: *Ah, sí. Spice Girls. Mi gustaba en la adolescencia. Oía mucho.*

MARCOS: *..."Las chicas temperadas".*

Olivia e João riem. Marcos e Victoria olham para eles.

MARCOS: Do que eles riem tanto?

VICTORIA: *De nosotros dos.*

Pequena pausa.

MARCOS: E você, trabalha com o quê?

VICTORIA: *Yo trabajo en un hospital, con Olivia... conduzco una ambulancia.*

MARCOS: Uau... você... uau.

VICTORIA: *Sí.*

MARCOS: Mas você.... [*faz um gesto de costurar o trânsito em velocidade*]

VICTORIA: *Sí.*

Marcos faz um som estranho.

VICTORIA: Quê?

MARCOS: Nada... vamos beber mais uma garrafita?

Marcos serve vinho.

VICTORIA: *Mi trabajo es intentar salvar a las personas que se están muriendo por ahí.*

MARCOS: *Yo estoy* bem doente.

VICTORIA: *Cual es tu enfermedad?*

MARCOS: Você sabe...

VICTORIA: *No...*

MARCOS: Eu e o João somos apaixonados pela mesma *muher*. Ela tem algo que... não dá para... *olvidar.* Não dá para tirar de você tão fácil.

VICTORIA: *Entiendo... como un anillo...* um anel...

JOÃO: É...

VICTORIA: *Que no sale del dedo.*

MARCOS: Talvez...

VICTORIA: *Un regalo. Una camisa que no te la quieres quitar. Zapatos. Que te llevan para los lugares mas imprevisibles. Una rueda nueva. Una historia que siempre termina mal y tu siempre quieres ir hasta el final.*

MARCOS: Exatamente... *como usted es cruel... una enfermedad.*

VICTORIA: *Pero no te vas a morir.*

MARCOS: Acho que não.

VICTORIA: *Te vas a morir?*

João e Olivia riem ao fundo bem baixinho.

MARCOS: E você e a Olivia moram juntas há muito tempo?

VICTORIA: *Unos, hum... bueno, nosotras hacemos el amor hace tres años.*

Pausa longa.

MARCOS: Bacana...

Tempo. Ele se levanta.

MARCOS: Eu vou...

VICTORIA: *...coger más vino.*

Marcos vai até o jardim.

MARCOS: *Olivia... a Victoria quieres hablar con usted.*

BRANCA/OLIVIA: *Sí... después.*

MARCOS: *No, ahora. Ela quer hablar ahora.*

Branca/Olivia se levanta e vai para a sala da casa.

JOÃO: Eu vou ter um filho...

MARCOS: Nós estamos numa arapuca. A gente tem que fugir daqui.

JOÃO: A barriga dela estava se mexendo...

MARCOS: Isso é um complô do sexo feminino para exterminar o homem contemporâneo. Um jogo de duplos para acabar com a minha agonizante autoestima.

JOÃO: Acho que ele reconheceu a minha voz. Ou ela... o que vier, eu vou adorar.

MARCOS: Você não está percebendo o que está acontecendo?

JOÃO: Você vai ser o padrinho.

MARCOS: Você não está percebendo o que está acontecendo?

JOÃO: Estou.

MARCOS: Elas duas... a Olivia e a Victoria... elas...

JOÃO: Eu achei que você tinha percebido.

MARCOS: ...João, eu paguei 3 mil dólares pelas duas passagens. Eu estou desempregado. Eu achei que ia comer alguém... eu preciso comer alguém. Algum dia, na minha vida, eu vou ter que comer alguém de novo.

Olivia e Victoria chegam ali no jardim, com duas perucas do século XVIII, à la Molière. Uma valsa começa a tocar.

BRANCA/OLIVIA: *Vamos a bailar?*

Ela pega na mão de João e eles começam a dançar. Marcos pega na mão de Victoria. Os quatro dançam. Ritmo.

MARCOS: A nossa noite vai acabar assim?

JOÃO: Eu não me lembro como acabou.

MARCOS: Também não.

JOÃO: Então a gente pode terminar do jeito que a gente quiser.

JOÃO: Se essa fosse a última cena de um filme, o que vocês fariam?

VICTORIA: *Yo bailaría hasta el final de los créditos...*

BRANCA/OLIVIA: *Yo bailaría hasta el final de los créditos...*

MARCOS: *Yo filmaria tu barriga...*

VICTORIA: *Yo, otra vez, terminaría así. Dos horas de película, nosotros dos, nosotros cuatro, bailando vals, sin parar, hasta que las estrellas desaparezcan...*

Eles dançam.

JOÃO: É a sua última imagem para o mundo.

MARCOS: A última imagem para o mundo...

VICTORIA: *En movimiento, desenfocada!*

MARCOS: Todos fora de foco!

Eles dançam mais rápido.

JOÃO: Se essa fosse a sua última frase.

VICTORIA: *Me encanta este baile.*

JOÃO: Algo mais dramático!

BRANCA/OLIVIA: Nada a dizer!

MARCOS: Nada a dizer!

JOÃO: Nada a dizer!

VICTORIA: *Me encanta este baile!*

JOÃO: A última fala tem que ser impactante.

BRANCA/OLIVIA: *Mi bolsa se ha roto!*

Eles param de dançar.

VICTORIA: *Mentira...*

Eles riem. Trocam de casal e voltam a bailar. Victoria dança com Olivia e João dança com Marcos.

BRANCA/OLIVIA: *Mi bolsa se ha roto!*

MARCOS: Você já falou esta frase.

BRANCA/OLIVIA: *Enserio, Victoria!... Enserio! Has venido con ambulancia?*

VICTORIA: *Sí.*

BRANCA/OLIVIA: *Puedes encender la sirena... voy a tener un hijo ahora.*

VICTORIA: *Que?*

BRANCA/OLIVIA: *Yo voy a tener un hijo ahora.*

VICTORIA: *Esta es la frase.*

Música.

– 10 –

Os quatro atores arrumam as cadeiras de frente para a plateia, como no início do espetáculo. Estão na seguinte disposição: Mariana, João, Marcos e Branca. Branca fala enquanto eles terminam de arrumar a cena.

BRANCA: Transição. Eles se arrumam para a última cena. É novamente Natal. João, Marcos e Mariana no "apartamento de Marcos". Branca está por ali, no som. Eles se olham. Como se estivessem se reconhecendo, alternando uma certa felicidade com um estranhamento, algum desconforto, mesmo com a cumplicidade. Um tempo de silêncio.

MARCOS: ...quando eu entro no banheiro, quem está lá?... A minha mãe. Vestida de aeromoça. Aerovelha. "Viu, eu sabia que você era um canalha com as mulheres, meu filho." "Você não vai se casar, não vai ter filhos, nossa família vai se extinguir, como os gorilas da montanha. Como a família desse pobre homem." Eu olho para o lado, para baixo, e sentado na privada tem um homem vestido de piloto de avião, de comandante, olhos fechados, com um sorriso no rosto. "Está vendo, ele também se engraçava com todas as mulheres que via pela frente. A civilização não existiria se dependesse de homens como vocês". "Ele me parece feliz". Nesse momento, o avião começa a trepidar, forte. "Mãe, vamos sentar, o avião está entrando em turbulência. Aonde a senhora comprou esta fantasia de aeromoça?" "Eu não vou sentar, eu estou adorando aqui. E para de me chamar de senhora." "Mãe, por favor, não discute..." O avião dá outra sacolejada. "Vamos, o piloto vai avisar que todo mundo tem que se sentar." "Não, ele não vai fazer isso... porque este homem... este homem é o piloto do avião... e ele está morto."

Pausa.

JOÃO: E aí?

MARCOS: Não sei, escrevi até aí. Acho que podia terminar neste ponto...

Eles se olham.

MARCOS: Eu sei, está um pouco bobo, bastante bobo, mas é o concurso de uma revista meio juvenil, contos de ficção científica...eu estou usando um pseudônimo... é muito ruim?

MARIANA: Claro.

JOÃO: É péssimo.

MARCOS: Vou deletar tudo. Vou deletar tudo o que eu escrevi até hoje.

BRANCA: Não faz isso, eu adoro ficção científica ruim...

MARIANA: Você está há quanto tempo sem ver o Joaquin?

JOÃO: No dia 25 vai fazer sete meses. Mas a Olivia sempre coloca ele na frente do computador quando eu converso com ela no Skype... tenho uma foto dele aqui, com ela...

Ele mostra a foto para ela.

JOÃO: Eu estou juntando um dinheiro, com o cachê deste trabalho... acho que no carnaval eu vou conseguir voltar lá.

MARIANA: Carnaval?... E essa peça nova é o quê? Outro drama?

JOÃO: Não. Não tem gênero... é uma peça realista, como a... como é que se chama essa coisa mesmo?... Vida. Não tem personagem, eu faço eu mesmo. Tá na moda agora.

MARIANA: O quê?

JOÃO: Ser você mesmo.

MARIANA: E você está gostando?

JOÃO: Que jeito... [*sorri*] estou... e o seu namorado?

MARIANA: Está bem...

JOÃO: Ele está viajando?

MARIANA: Não.

MARCOS: Como é que se faz para ser profundo?

MARIANA: O quê?

MARCOS: Como é que se faz para ser profundo?!

MARIANA: Você é profundo.

MARCOS: Não, eu sou raso... você sempre me criticava por ser raso, não mente agora. Vamos encarar os fatos, eu sou... uma piscina... eu sou no máximo uma piscina de plástico.

JOÃO: Você é uma piscina olímpica.

MARCOS: Eu sou um copinho d'água 200ml.

MARIANA: Você é o fundo abissal de um oceano, Marcos.

MARCOS: Como é que eu sofro tanto e só escrevo bobagem!???... A publicidade destruiu o meu cérebro!

Ele soluça.

JOÃO: Você está chorando?

MARCOS: Eu queria tanto ser profundo!... Eu estou feliz que nós estamos juntos de novo, porra! A gente não pode se separar nunca mais, caralho!

BRANCA: *Me gustan mucho tus historias improbables...*

MARCOS: [*para Branca*] Vai ser terrível não conseguir dizer o que eu quero dizer, de novo...

BRANCA: Vai terminar daqui a pouquinho. É o momento.

MARCOS: Se eu conseguisse falar através do João...

BRANCA: Não.

MARCOS: Que obsessão em terminar.

BRANCA: São histórias de amor. Cotidianas, mas cheias de feridas. É emocionante. Você deletou todas as histórias?

MARCOS: Não tive coragem.

MARIANA: Eu queria falar uma coisa.

JOÃO: O quê?

MARIANA: Eu queria...

JOÃO: Não gosto quando você fala essa frase... só uma coisa, então.

BRANCA: Será que ela é cíclica?

MARCOS: Quem é você mesmo agora?

BRANCA: Uma sereia. Eu moro dentro do seu aquário. Eu pisco para você todos os dias, escafandrista.

MARCOS: Sua existência já é o suficiente.

BRANCA: Eu não sou daqui.

JOÃO: É fala de novela?

MARIANA: ...é.

JOÃO: Porra, Mariana... é o capítulo final?

MARIANA: Para, João.

JOÃO: Mas não sou eu quem se casa, não é? Ela continua casada com o diretor de cinema. E eu sou Carlitos, deprimido, andando até o infinito, de bengala.

MARIANA: Você sempre confunde tudo.

JOÃO: Você vai falar que é por isso que a gente se separou?

MARIANA: Não.

JOÃO: Por quê?

MARIANA: Essa imagem é ruim, eu detesto novela.

JOÃO: É o quê, então? Literatura, artes plásticas, teatro de sombras?

MARIANA: É a minha vida.

JOÃO: Sua?... Você é tão covarde.

MARIANA: Eu era apaixonada por você.

JOÃO: Eu nunca fui apaixonado por você.

MARCOS: Eu sou apaixonado por vocês dois.

MARIANA: Você não...

JOÃO: Fala.

MARIANA: Você não cresce!

JOÃO: Exatamente, eu não cresço. Eu não cresço, como o nosso bebê, que foi abortado.

MARIANA: Seu idiota. Você tem outro filho.

JOÃO: Por que a gente não conversa sobre isso?

MARIANA: A gente não se separou só por causa dele.

JOÃO: Não, a gente se separou porque ao invés de amor, a gente só via a morte no outro. Eu acordava de manhã e olhava para você, e, por mais que você respirasse, por mais que você estivesse linda, você estava morta. E você me olhava assim também, como se eu fosse o fim da sua vida.

MARIANA: Eu não via a morte em você! É por isso, então?

MARCOS: "Fim, fim, fim!" Chega de falar essa palavra! Começa, começa, começa!

MARIANA: Você está em crise.

MARCOS: Eu não vou sair dela nunca mais. Você não está entendendo? Você não está entendendo o que essa cena significa? Acabou a nossa juventude! Acabou! E quem disse que ser jovem era bom? Morram, jovens! [*tendo a ideia*] Morram jovens...

BRANCA: Começar, terminar, começar, terminar...

MARCOS: Vamos recomeçar... do início deste Natal, pelo menos: Natal de 2009, [*corrige*] 2010... eu envelheci dez anos na última hora...

MARIANA: Vamos continuar daqui.

MARCOS: É a última daquela caixa!

MARIANA: Qual caixa?

JOÃO: A caixa de champanhe...

MARCOS: Que eu ganhei no ano passado.

Pequena pausa.

MARCOS: É a última daquela caixa!

MARIANA: Qual caixa?

JOÃO: A caixa de champanhe.

MARCOS: Que eu ganhei no ano passado.

JOÃO: Que você trouxe no seu Fusca beetle...

MARIANA: Que ficou na garagem quando vocês estavam na Espanha.

MARCOS: Onde um pneu caiu na sua frente.

JOÃO: Um pneu Goodyear.

MARCOS: Duraplus.

MARIANA: E vocês não conheceram o borracheiro De Vega...

MARCOS: E não era uma metáfora.

JOÃO: No ano passado?

MARIANA: A Victoria parecia comigo...

MARCOS: Foi o motor que quebrou.

BRANCA: O motor do projetor...

MARCOS: O projetor também quebrou...

JOÃO: Na primeira vez no cinema...

BRANCA: Eu parecia a Olivia...

MARIANA: Naquela primeira vez...

JOÃO: Naquela primeira vez.

MARCOS: De nós três?

JOÃO: De nós.

MARIANA: De nós três.

Pequena pausa.

JOÃO: Não me lembro.

Eles brindam.

MARCOS: À vida...

JOÃO: À vida...

BRANCA e **MARIANA:** À vida.

MARCOS: [*para Branca*] Você não vai parar de fazer revelações?

BRANCA: O meu nome é Branca.

JOÃO: Pode falar agora...

MARIANA: Eu...

MARCOS: [*baixinho*] Eu vou começar, vou dizer tudo o que eu sinto, vou dizer que eu não consigo viver sem você...

MARIANA: Você quer mesmo que eu fale?...

JOÃO: Eu nunca vou estar preparado, você sabe disso, mas eu prefiro que você fale logo...

BRANCA: Sim.

MARIANA: Este é o último Natal que a gente passa entre nós três. Eu quis vir sozinha porque... é uma despedida. Ano que vem eu vou... o que aconteceu é que...

Eles se olham.

MARIANA: Eu estou grávida.

Pausa.

BRANCA: Silêncio. Alguém coloca uma música. Não ouvimos o que eles falam. Os atores vão deixando o palco. Eles saem.

Branca, João e Marcos saem de cena. Mariana fica sozinha no palco.

MARIANA: Mariana fica sozinha em cena. Tempo. Marcos entra e joga uma caixa na frente dela... ela não olha para ele, só para a caixa de papelão. Ele sai.

Ela abre a caixa e... começa a tirar cartas lá de dentro... Fim.

A luz vai caindo.

Blecaute.

FIM

Sobre o autor

Pedro Brício é dramaturgo, diretor e ator. Nasceu em 1972, no Rio de Janeiro, onde vive e trabalha. É formado pela Universidade Federal Fluminense em cinema e é mestre em teatro pela UNIRIO. Estudou na Desmond Jones School of Mime e na École Philippe Gaulier, ambas em Londres, e na Scuola Internazionalle dell'atore Comico, em Reggio Emilia, na Itália.

Como autor e diretor, realizou os espetáculos *A incrível confeitaria do sr. Pellica* (2005), pelo qual recebeu o Prêmio Shell de melhor autor, *Cine-Teatro Limite* (2008), que recebeu o Prêmio Contigo de melhor autor, e *Me salve, musical!* (2011), que, além de ter sido indicado ao Prêmio Shell, ganhou o Prêmio Qualidade Brasil. Pedro Brício também escreveu peças que foram montadas por outros diretores, como *O menino que vendia palavras* (2011), dirigido por Cristina Moura, *Comédia russa* (2010), por João Fonseca, e *Breu* (2012), por Miwa Yanagizawa e Maria Sílvia Siqueira Campos.

Em 2003, criou a premiada Zeppelin Cia., ao lado de Isabel Cavalcanti, Rui Cortez e Tomás Ribas. Como diretor, encenou os espetáculos *A peça do casamento*, de Edward Albee (2012), *Modéstia*, de Rafael Spregelburd (2012), *Fim de jogo*, de Samuel Beckett (2007), *Acqua Toffana*, de Patrícia Melo (2008), *O caderno rosa de Lori Lamby,* de Hilda Hilst (2007), entre outros.

Como ator, trabalhou com os diretores Christiane Jatahy, Nehle Franke, Enrique Diaz, Felipe Hirsch, Ana Kfouri, Gilberto Gawronski, Bia Lessa, Maurício Paroni de Castro, entre outros. No cinema, foi protagonista dos filmes *A falta que nos move*, de Christiane Jatahy, e *O fim e os meios*, de Murilo Salles.

Copyright © Editora de Livros Cobogó
Copyright © Pedro Brício

Editora
Isabel Diegues

Editora Assistente
Barbara Duvivier

Consultoria
Luiz Henrique Nogueira

Coordenação de Produção
Melina Bial

Produção Editorial
Vanessa Gouveia

Revisão Final
Eduardo Carneiro

Projeto Gráfico e Diagramação
Mari Taboada

Capa
Luiza Marcier e Radiográfico

CIP-BRASIL. CATALOGAÇÃO-NA-FONTE
SINDICATO NACIONAL DOS EDITORES DE LIVROS, RJ

	Brício, Pedro
B861t	Trabalhos de amores quase perdidos / Pedro Brício. – Rio de Janeiro: Cobogó, 2012.

(Dramaturgia; 2)

ISBN 978-85-60965-27-4

1. Teatro brasileiro. I. Título. II. Série.

12-5069.
CDD: 869.92
CDU: 821.134.3(81)-2

Nesta edição, foi respeitado o Acordo Ortográfico da Língua Portuguesa
de 1990, que entrou em vigor no Brasil em 2009.

Todos os direitos reservados à
Editora de Livros Cobogó Ltda.
Rua Jardim Botânico, 635/406
Rio de Janeiro – RJ – 22470-050
Tel.: (21) 2282-5287
www.cobogo.com.br

Outros títulos desta coleção:

NINGUÉM FALOU QUE SERIA FÁCIL
Felipe Rocha

NEM UM DIA SE PASSA SEM NOTÍCIAS SUAS
Daniela Pereira de Carvalho

ALGUÉM ACABA DE MORRER LÁ FORA
Jô Bilac

OS ESTONIANOS
Julia Spadaccini

PONTO DE FUGA
Rodrigo Nogueira

2012

1ª impressão

Este livro foi composto em Univers.
Impresso pela Prol Editora Gráfica
sobre papel Lux Cream 70g/m².